连接万人 一起生活

袁海博

# 社群新零售实战
## 用直播引爆成交

主　编　袁海涛　魏章川
副主编　王　维　白　哲　陈欣怡

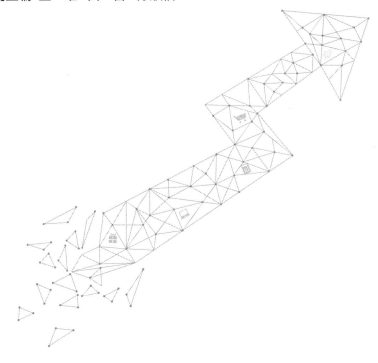

机械工业出版社
CHINA MACHINE PRESS

直播很火，但如果不能和社群深度融合，必将成为无源之水。

社群很牛，但如果不能通过新零售转化变现，必将无法持续！

直播、社群和新零售无缝衔接，才是王道。

本书在《社群新零售》一书的基础上，系统阐述了用直播引爆社群新零售的落地流程、步骤和工具，并结合案例解读，重在实操落地，力求让企业一看就懂，一用就见效。主要内容包括：如何打造超级产品，如何设计超级模式，如何获得超级流量，用直播引爆社群新零售的流程和工具。

**图书在版编目（CIP）数据**

社群新零售实战：用直播引爆成交／袁海涛，魏章川主编.
—北京：机械工业出版社，2021.4
ISBN 978－7－111－67915－8

Ⅰ.①社…　Ⅱ.①袁…②魏…　Ⅲ.①网络营销
Ⅳ.①F713.365.2

中国版本图书馆 CIP 数据核字（2021）第 060310 号

机械工业出版社（北京市百万庄大街22号　邮政编码100037）
策划编辑：解文涛　　　　　　责任编辑：解文涛　蔡欣欣
责任校对：李　伟　　　　　　责任印制：孙　炜
北京联兴盛业印刷股份有限公司印刷

2021年5月第1版·第1次印刷
170mm×242mm·14.5 印张·1 插页·201 千字
标准书号：ISBN 978－7－111－67915－8
定价：69.80 元

电话服务　　　　　　　　　　网络服务
客服电话：010－88361066　　　机　工　官　网：www.cmpbook.com
　　　　　010－88379833　　　机　工　官　博：weibo.com/cmp1952
　　　　　010－68326294　　　金　书　网：www.golden-book.com
**封底无防伪标均为盗版**　　　机工教育服务网：www.cmpedu.com

# 编 委 会

主　任（兼主编）：袁海涛　魏章川

副主任（兼副主编）：王维　白哲　陈欣怡

委　员：　宋思羽　夏　天　周素梅　聂　燕　郭一玲　禹　群

　　　　　王　攀　李　好　酋　长　朱玉友　韩燕如　昝争宏

　　　　　王　裴　刘金山　肖三才　李　猛　宋伟宁　刘玉莲

　　　　　桂向阳　李希彬　李　劲　田春华　肖　政　娄李伟

　　　　　袁永琪　吸金哥　丁京玲　张军强　任　羿　谢　文

　　　　　马可勇　赵　宇　亚　菲　冯少铭　王　健　李若玄

　　　　　朴　林　易　华　李瑾萱　武志华　陈　哲　张婷婷

# 前　言

2019 年 7 月，我的《社群新零售》一书正式出版，得到了广大书友的热烈支持，已重印多次。更重要的是，书友们给了非常好的评价和反馈，几乎每天都有书友通过这本书联络到我表达感谢。

在《社群新零售》这本书中，我基于多年实操落地不同项目的经验教训，总结提炼出了一套模式，取名为"社群新零售"。

**所谓社群新零售，就是基于社群关系，以用户为中心，以用户需求为驱动，通过供应链重构和线上线下融合，实现按需定制的新型零售模式。**

它分为三个层次：产品销售、社群运营、平台化发展；分别打造三个体：利益共同体、精神联合体、命运共同体。三层互动，共享共创，按需定制，按劳分配。

它有两个核心，一是扭转了供求关系，由从企业端出发变为了从用户端出发；二是改变了企业的运营逻辑，从以产品为中心变为了以用户为中心。

社群新零售关注的核心是用户，打造的是利益共同体、精神联合体和命运共同体，具备可持续发展的基因，是高维的社交零售/社交电商。

《社群新零售》这本书基于上面的架构，体系化地阐述了社群新零售的三个层次、典型案例、发展趋势、操作流程等。

从书友们的反馈中，我感受到了大家对于社群的重视，对于体系化、专业化社群知识的需求，对于通过社群推动企业转型升级的渴望，对于通过社群打通新营销通道的期盼。

**2020 年，在新冠肺炎疫情的影响下，企业纷纷转变经营思路，直播和社群**

被吹到了风口。

直播带货已经深入人心，抖音、快手、淘宝直播风头正劲，腾讯直播、有播、爱逛、特抱抱等新兴直播平台不断涌现，无数人都摇身一变成了主播，开始了自己的直播之旅。

社群也是如此。我在 2017 年曾经说过一句话：社群必将是企业的标配，不做社群的企业都是在裸奔。目前看来，这句话已经成为现实。

新冠肺炎疫情期间，大家可以清晰地发现一个现实：

凡是不能直接触达用户的企业，都会很惨；

凡是平时注重用户运营、能直接触达用户的企业，抵抗风险的能力都很强，甚至能够逆势增长。

但是，单纯的直播和社群能解决所有问题吗？

答案是否定的。

直播很火，但如果不能和社群深度融合，必将成为无源之水。

社群很牛，但如果不能通过新零售转化变现，必将无法持续！

直播、社群和新零售三驾马车无缝衔接，才是王道。

如何获得流量？靠抖音、快手等公域平台。

如何将流量沉淀为顾客、粉丝、私域流量？靠社群运营。

如何裂变和转化变现？靠新零售。

所以，企业的正确做法是：通过直播引流，通过社群沉淀，通过新零售转化变现，这就是"直播社群新零售"，也是后疫情时代企业突围的最佳实践。

直播社群新零售到底是什么？

具体的流程和方法有哪些？

有没有可以拿来就用的工具和模板？

如何落地到自己的企业？

为了回答这些问题，我们撰写了《社群新零售实战》。

本书在《社群新零售》的基础上，系统阐述了直播 + 社群 + 新零售的落

地流程、步骤和工具,并结合案例解读,重在实操落地,力求让企业一看就懂,一用就见效。本书主要内容包括:

- 企业的困境和应对策略。
- 社群新零售模式解读。
- 直播社群新零售落地流程。
- 直播社群新零售落地之如何打造超级产品。
- 直播社群新零售落地之如何设计超级模式。
- 直播社群新零售落地之如何获得超级流量。
- 直播社群新零售落地之如何用社群构建私域流量。
- 社群新零售工具。
- 社群问道。

本书从"为什么、做什么、怎么做"三个角度进行阐述,既有方法论,又有落地流程、模板和工具,还有实际案例。无论从理论高度还是实操性上,本书都在力求新高。用直播社群新零售实现引流、沉淀、成交、裂变四部曲,是新形势下企业打通营销通道的最佳路径。

希望本书能让更多的企业和个人清晰地认识直播社群新零售,了解、接受和掌握直播社群新零售,希望能尽快涌现出一批优质的标杆性的直播社群新零售企业和项目,带动更多的人参与其中,为我国企业的转型升级和顺利发展贡献自己的力量。

袁海涛

2021 年 1 月 6 日

# 目　录

第 7 章

直播社群新零售
落地之如何
获得超级流量

第 8 章

直播社群新零售
落地之如何用社群
构建私域流量

# 第 1 章
# 升维、体系化

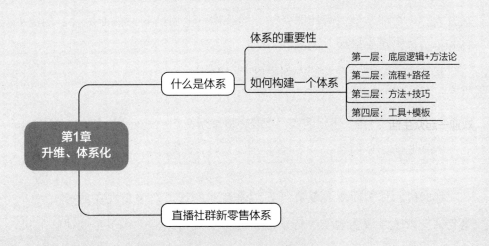

## 1.1　什么是体系

### 1.1.1　体系的重要性

我[一]是 2015 年进入社群服务行业的，为企业提供社群运营、社群营销、社群新零售等落地服务。这期间，我先后服务过的项目大大小小有几十个，包括茅台白金酒、晨光生物、华联购物中心、《销售与市场》杂志社、空中美容院、王的衣架、大兵哥、大荔哺育、妈妈丽雅等。

在五年间，我踩过了各种沟沟坎坎，见证了很多社群的起起落落，经历了无数社群人的进进出出，但我的社群初心和信心一直不变，我始终相信社群的潜力是非常巨大的。商业的本质就是交易，就是人和人之间的价值交换，离开人，一切都是零，而社群就是人的载体。上面这句话就能把社群的重要性和价值说得清清楚楚。

2017 年的时候，我在朋友圈中发了一句话：

> 我敢断言，不出两年，社群必将是所有企业的标配，不做社群的企业都是在裸奔。

那时候，其实社群并没有得到主流商业的认可。但是现在回过头去看，这句话应该已经成为现实。特别是新冠肺炎疫情期间，很多企业面临危机，

---

[一]　本书中，以作者口吻的"我"指袁海涛。

业绩出现断崖式下滑，有效的自救方式就是激活了社群，进行了社群营销。

以前在和企业交流的时候，我们需要不停地教育客户，给他们讲社群如何重要，现在突然发现不需要再做苦口婆心地讲了，很多企业会主动找过来问：我们现在到底要怎么做社群？

无论是对于巨无霸、独角兽企业，还是中小企业、街边小店，社群已经成为标配，成了其必须要做的事情。现在不是考虑要不要做社群的问题了，而是如何能够快速把社群做起来从而超越竞争对手的问题。

在做社群的路上，我们有很多感悟。

**第一条：社群的价值巨大，但是绝大多数人只挖掘了不到 1/10 甚至更少。**

在和很多人聊天时，谈到我过去的一些经历，他们会觉得我的变化太大了，因为我现在做的社群，和我以前做的其他项目好像没有什么太大的关系。其实就是因为一个个社群项目的操作实践，让我认识到它的巨大价值，所以才义无反顾地坚持做社群。

但是对于很多人来说，因为没有真正经历过，所以不知道社群的价值，更没有去深入挖掘。其实我们每个人、每个企业背后都有很多的资源，比如你在一个行业里面干了 5 年、10 年、20 年，就会有行业上下游的资源（供应商资源、客户资源），但如果没有对这些资源进行有效的挖掘、激活和转化，那岂不是可惜？

**第二条：体系化、流程化、专业化是做好社群的保证。**

怎样才能做好社群呢？大家都在学习，都在摸索，都希望能够学到绝招，一招制敌。其实做社群跟做其他事情都是一样的，一定是体系化、流程化、专业化的，这是做好社群的保证。

大多数人学习做社群是这样的：今天去学个社群营销，明天去学个序列式发售，后天去学个裂变，之后再去学个朋友圈打造、海报制作、怎样写软文……

学这些东西有错吗？当然没有，我不是说这些东西不重要，但是这些东西能不能和你的体系匹配起来，这是关键。

特别要给大家强调的就是体系化，就像下面这辆自行车一样，从车把到车筐，到两个车轮，到链条后脚蹬，然后到车座，这些都是一个个零件，这些零件组装到一起，形成了一个体系，你骑着它可以从 A 点到 B 点，顺利到达目的地。

有一天你看这个自行车不顺眼了，总觉得车轮太小了，想换大的车轮。所以你去买了两个固特异汽车轮胎，装到你这辆自行车上，然后会发生什么呢？你会发现你的自行车根本就没法骑了。固特异轮胎很好，装在汽车上，能够让汽车跑得更平稳，但是装到你这辆自行车上，因为不兼容，它会破坏自行车体系的完整性，导致你的自行车无法正常运转。

回过头来，大家可以审视一下自己。今天学个技巧，明天学个技巧，但是这些技巧能不能和你现有的知识体系融合起来？如果能够融合，那是很好的。但是很遗憾，大多数人学的技巧有可能都是在破坏自身的知识体系。很多人热衷于学习碎片化的知识，今天订阅一个 A 大咖的专栏，明天订阅一个 B 大咖的专栏，看起来很努力的样子，最后成功把自己变成了"学习难民"。

那么，如何摆脱"学习难民"的现状呢？

记住下面这句话：

> 不要去学习碎片化的知识，要用碎片化的时间去学习系统化的知识。

不管在任何领域，从事任何行业，都要构建自己的体系，有体系的人和没有体系的人会有截然不同的人生。

有自己体系的人能够洞察趋势，做事目标明确，步骤清晰，不会走太多的弯路。他们分得清轻重缓急，知道哪些是现在该做的，哪些是不该做的。

他们不仅能看清自己，还能看清别人。所以当你遇到问题和他们沟通交流的时候，他们能看清你的问题所在，然后精准、简洁地告诉你该怎么做。

如何判断一个人是否有自己的体系呢？答案很简单，就是问他问题，特别是那些特别细节的问题，看他能不能精准地解答清楚，而不是顾左右而言他，更不是说官话、套话、空话。通过这个就能判断他是不是足够专业，是不是有自己的体系。

没有体系的人是什么样子呢？随波逐流，盲目跟风，人云亦云。因为你没有体系，所以别人说什么你就会相信什么，很容易被别人牵着鼻子走。

上文我们是以社群为例进行说明，其实不管你做什么行业，都应该构建自己的体系。比如我们的跑车项目，我们都会建议创始人快速构建体系，哪怕是非常细分的领域，也要把体系做出来，这样就可以卡位。

比如"社群新零售"这个概念是我们提出来的，其定义是我们总结出来的，其模式是我们设计出来的，我们还出版了相关的书籍，做了很多落地的案例，所以说，我们构建了"社群新零售"这个体系，直接卡位了。

### 1.1.2　如何构建一个体系

一个体系必须包括四个层面的内容。

**第一层是底层逻辑 + 方法论。**
告诉你为什么做以及做什么。

**第二层是流程 + 路径。**
告诉你怎么做，即从 A 点到 B 点，你需要几个步骤，先做什么、后做什么。

**第三层是方法 + 技巧。**
流程和路径有了，但是怎样才能够快速地从 A 点到达 B 点呢？这是体系的第三层，叫作方法 + 技巧。有了方法和技巧，可以走得很快。

**第四层是工具 + 模板。**
如果从 A 点到 B 点有 100 公里，哪怕方向完全正确，光靠步行也会很累，如果能有一辆汽车，是不是就能够快速到达目的地呢？这就是第四层：工具+模板。

具备了以上四个层面，才是一个完整的、闭环的、能够落地的体系。

不管你从事什么行业，请自己梳理一下，你有没有形成自己的体系？很遗憾，90%以上的人是没有的。有了体系，你就很可能成为领导者，没有体系，你只能跟风。

所以，在条件具备的情况下，你要尽可能去构建自己的体系，哪怕是在一个特别小的细分领域，哪怕是一个相对比较小的比较简陋的体系，只要能形成闭环，就有力量。

## 1.2　直播社群新零售体系

我们回到社群。你肯定也听过很多老师讲课，也看过不少社群方面的书。你会发现有的老师只讲理论，实际上他就处在我们这四个层面中的第一层，只讲底层逻辑和方法论。底层逻辑和方法论当然有用，可以让你的认知得到提升，但是如果没有后面的这些东西，你就无法落地。老师讲课的时候头头是道，你听课的时候很激动，听完后没行动，不是不想行动，而是不知道怎么行动。

你肯定也听过另一种风格的老师讲课，他们讲解具体的工具和技巧，比如如何一天之内裂变1万个用户、裂变100个微信群，如何加入别人的群增粉、如何发朋友圈等。这些内容属于四个层面中的第三层和第四层。没有第一层和第二层的指导，单纯地学习这些方法、技巧和工具，首先你用不起来，或者说难以使它们的价值最大化，其次这些方法、技巧和工具也很容易过时和失效。

所以在学东西的时候，不要说理论派没有用，也不要说我只学实操。理论和实操一定是要结合起来的，这就是我们说的知识体系的四个层次，缺一不可。

本书的主题是：直播社群新零售，它就是这样一个完善、落地、前后能形成闭环的体系，不管是对于中小微企业还是大型上市公司，都有很好的指导作用。接下来让我们按照刚才说的四个层次简单地把这个体系介绍一下。

**第一层：底层逻辑＋方法论。**

在直播社群新零售体系中，底层逻辑和方法论是什么呢？毫无疑问，就是我们说的社群新零售，社群新零售是什么？我在《社群新零售》中做过定义。

> 社群新零售，就是基于社群关系，以用户为中心，以用户需求为驱动，通过供应链重构和线上线下融合，实现按需定制的新型零售模式。

社群新零售到底是什么样的呢？请看下面这个图，总体上来讲，社群新零售分成三个层次，分别打造三个体：第一层叫产品销售，打造利益共同体；第二层叫社群运营，打造精神联合体；第三层叫平台化发展，打造命运共同体。

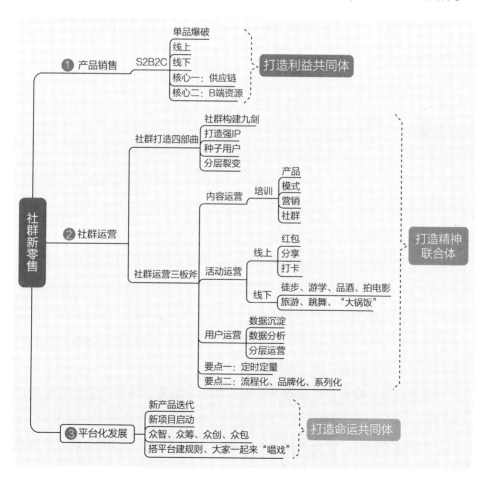

这里先不做过多的解释，后面的章节中会有更详细的介绍，现在我们只是从知识体系的角度来做一个拆解。看了第一层的底层逻辑和方法论，我们知道了社群新零售的三个层次和三个体，知道了其核心就是用户以及根据用户需求来做反向定制。那么问题来了，要怎样来落地呢？

**第二层：流程＋路径。**

下图是直播社群新零售体系的落地流程。

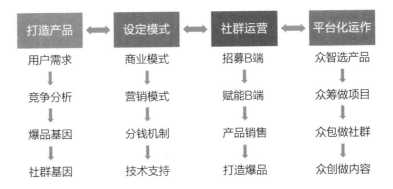

这个流程是从哪里来的呢？不是拍脑袋拍出来的，也不是闭门造车造出来的，而是我们做了这么多的项目，从无数的经验和教训中提炼出来的。

这四个步骤叫打造产品、设定模式、社群运营和平台化运作。这里面有很多具体的细节，每一个步骤就是一个专题，在后面的章节会具体讲，现在直接给大家看全貌。

这个流程就相当于给了你一幅地图，让你清楚地知道自己的目的地在哪里，自己目前处于什么位置，要做什么才能快速到达下一个环节。现在大家都发愁产品卖不出去，认为营销没做好，所以就去学营销，实际上最后你会发现很多你认为的营销问题根本就不是营销的问题，是因为你的模式设计得没有吸引力，没有场景，没有社群。

可能你会说，我有很好的模式，那么你再往前看，你可能会发现你的产品不过硬。

在今天这个时代，普通的产品已经很难切入市场了，如果你的产品和市场上的同类产品没什么差别，那产品生产出来就会成为库存，根本卖不出去。产品要具备爆品基因和社群基因，基于这两种基因打造出来的产品，我们称为"超级产品"。

很多企业领导者常常抱怨营销部门不给力，导致产品卖不出去，其实病根在产品上，产品就没有做好。整个流程就是一个体系，如果你不知道这么一个体系，没有全局的思维，而是拼命地学营销做营销，头痛医头脚痛医脚，最后你的产品还是卖不出去，营销再厉害，也不能把垃圾变成黄金。

**接下来我们来看路径，即"社群高德地图"。**

很多人说我要做社群，我要做社群营销，我要快速变现，但是最后发现学了那么多的东西，还是无法做好营销。为什么呢？因为你没有体系，你不清楚全貌和清晰的路径，不知道社群到底该怎么做。

例如，我们到了一个陌生的地方，需要打开手机里面的高德地图，它会告诉我们向左转还是向右转、怎样避开拥堵，从而顺利到达目的地。无论是个人还是企业，做社群就相当于是进入了一个陌生的商业领域，同样需要清晰的路径，需要地图的指引。我们从事社群运营五年多时间，总结出来一个路径图，叫作社群高德地图。

开车需要高德地图，做社群需要社群高德地图。

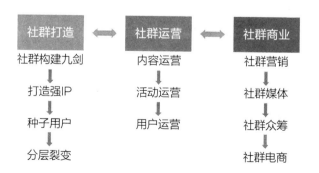

社群高德地图分成三个阶段，从社群打造到社群运营再到社群商业，社群打造就是从 0 到 1 的过程，相当于把孩子生出来。社群运营是从 1 到 10 的过程，相当于把孩子抚养成人。社群商业，是一个从 10 到无穷的过程。孩子长大成人了，开始追寻自己的梦想，未来有无限的发展空间。

社群打造怎么做？我们将其分解为四个步骤：社群构建九剑、打造强 IP、种子用户、分层裂变，称为**社群打造四部曲**。

社群运营怎么做？包括三个板块：内容运营、活动运营和用户运营，称为**社群运营三板斧**。

社群商业怎么做？有多种转化变现的方式，比如社群营销、社群媒体、社群众筹、社群电商等，都是比较典型的变现路径。

有人说，我就想学习社群营销。我们看社群营销在社群高德地图的第三个阶段里面。如果前面两个阶段根本没有做，没有构建和运营社群，你学了社群营销，又有什么用呢？有人说我要做裂变，如果你没有种子用户，谁来帮你裂变呢？就算裂变带来了流量，但是你不会做社群运营，这些流量来了你根本留不住，又有什么价值呢？

所以，这就是一个多米诺骨牌，如果中间少了牌，整个链条就断了。如果你没有社群构建九剑的基础，后面所有的一切都是空谈；如果你没有强 IP，就不会有种子用户，就没有人追随你；如果你没有种子用户，就无法来做分层裂变；如果你做不好社群运营，没有建立起信任和情感，后面的这些商业转化变现就无从谈起，就是空中楼阁。

第三层：方法 + 技巧。

在直播社群新零售体系中，有很多我们自己独创的方法和技巧，包括刚才说的社群打造四部曲、社群运营三板斧、社群构建九剑、分层裂变，以及如何打造强 IP、爆品基因、社群基因、人货场，如何提频升维等，在后面的章节中都有详细介绍。

第四层：工具 + 模板。

相当于给你一辆汽车代替步行，让你能够快速到达目的地。直播社群新零售体系包括完备的工具和模板，拿来就能用、一用就有效，这是很多合作企业给出的积极反馈。

直播社群新零售体系中包括哪些工具和模板呢？

**第一是技术平台。**

我们做了一个社群新零售技术平台，进入后在首页会看到我们的跑车计划、直播、商城等入口。技术平台是按照直播社群新零售的底层逻辑来设计和开发的，完全满足直播、社群、新零售三位一体，无缝衔接的需求。

另外，在技术平台后台，还有极其丰富和强大的营销工具，如拼团、秒杀、优惠券、开店礼包、支付有礼、首单立减、打包一口价，以及积分营销、积分商城、充值营销，还有各种游戏插件，比如幸运大转盘、疯狂砸金蛋、好运翻翻看、刮刮乐等。

店铺主页 ｜ 会员主页 ｜ 所有商品

▍营销功能

促销工具

秒杀
吸粉利器，以秒杀价吸引粉丝

限时折扣
商品限时打折促销

拼团
拼单成团，裂变式转化

满额包邮
满额/件即享包邮

搭配套餐
灵活搭配，组合销售

打包一口价
任选商品，打包一口价

砍价
邀请好友砍价后低价购买

满减优惠
订单满额即享优惠

商品试用
喜欢的商品先试用，满意再购买

首单立减
疯狂促首单，拉新神器

好友送礼
分享送礼，充满惊喜

周期购
一次卖掉一年的货

支付有礼
付款成功后参加营销活动，提升客户粘性

开店礼包
购买礼包成为店主，自用省钱，分享赚钱

充值营销

| | | |
|---|---|---|
| 充值成为分销商<br>让更多的人帮你卖货 | 充值升等级<br>客户沉淀，复购轻松搞定 | 充值送积分<br>充值越多，积分越多 |
| 充值送优惠券<br>充值回馈，有效提高转化 | 充值优惠<br>充值即赠，持续消费 | 购物卡<br>节日送礼，快速拓客 |

游戏插件

| | | |
|---|---|---|
| 幸运大转盘<br>满目大奖，调动气氛 | 疯狂砸金蛋<br>即砸即免，活跃粉丝 | 好运翻翻看<br>翻板抽好运 |
| 骰子大王<br>掷骰子抽大奖 | 刮刮乐<br>即刮即免，简单有趣 | 摇一摇<br>摇摇更幸运 |
| 哞一哞<br>哞来大奖乐不停 | 卡通机<br>游戏体验式抽奖 | 萝卜精灵<br>积攒萝卜换大礼 |

**第二是模板。**

包括项目打分表、B端节点联络表、场景设计表、营销流程表、社群构建方案、社群运营计划、直播社群新零售落地计划等，对于这些模板，我们可以拿来就用，直接用到自己的项目中。

以上就是直播社群新零售的体系介绍，从四个层面做了拆解，希望你能有全面的认知和把握。本书的章节设计，就是基于这四个层次，一层一层地往下落，希望能够帮助大家清晰地了解并真正掌握这个体系。

爱因斯坦曾经说过一句话，问题往往不能在发生的同一层面得到解决。什么意思呢？简单讲就是要升维。我们一定要提升自己的认知的维度，如果你不能提升维度，就会陷入就事论事的层面，你觉得是营销的问题，就拼命学营销，但是问题仍然得不到解决，因为你的产品的根基就不好。你想要更多用户，你就去学习裂变，但是没有用，因为你不懂得社群运营。所以一定要从全局和系统的角度去看问题，这样才能够轻而易举地找到症结所在，并快速、精准地解决问题。

**现在，我想带着你一起升维。**

我们一起登上热气球吧。

可以闭上眼睛想象，热气球飞过来了，我们一块儿登上热气球，然后慢慢上升，上升到了 10 万米的高空，往下看，我们看到了一个蓝色的星球，看到了它的全貌，但看不清细节的轮廓。就相当于我们看到了整个体系的样子，知道了底层逻辑和方法论，这就到了整个体系的第一层。然后热气球缓缓下降，降到了 1 万米高空，这时候我们看得更清楚了，看清了它的轮廓和路径，这是到了体系的第二层，流程 + 路径。我们继续下降，降到了 5000 米。这时候我们看到了地球上蓝色的海洋、绿色的草原、山川河流的脉络，甚至我们能区分出来这是在亚洲还是在非洲，这就到了体系的第三层：方法 + 技巧。继续下降，降到了 2000 米、1000 米直到落地，终于，我们到了体系的第四层，我们有了工具，有了模板，可以把这些直接用到自己的企业和项目中了。

我想说，这本书也许和你之前看的书会有所不同，它会给出一套完整的、经过验证的、行之有效的落地体系，希望你能充分领会，并真正助推自己的企业突围。

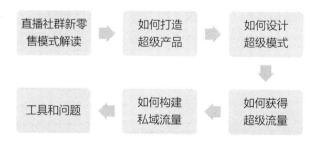

在本书接下来的内容中，我们将按照体系化的四层逻辑并结合上面的六步流程，一步步地解密直播社群新零售。

## 本章要点

- 社群必将是所有企业的标配，不做社群的企业都是在裸奔。
- 不要去学习碎片化的知识，要用碎片化的时间去学习系统化的知识。
- 体系化、流程化、专业化是做好社群的保证。
- 社群新零售就是基于社群关系，以用户为中心，以用户需求为驱动，通过供应链重构和线上线下融合，实现按需定制的新型零售模式。
- 要尽可能去构建自己的体系，哪怕是在一个特别小的细分领域，哪怕是一个相对比较小的比较简陋的体系，只要能形成闭环，就会有力量。
- 开车需要高德地图，做社群需要社群高德地图。
- 问题往往不能在发生的同一层面得到解决，升维才是王道。

Chapter
Two

# 第 2 章
# 企业的困境和应对策略

▼

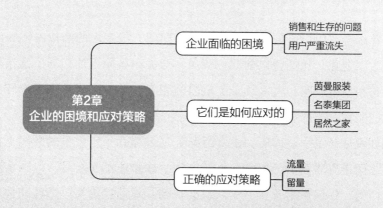

## 2.1　企业面临的困境

新冠肺炎疫情给企业带来了巨大且深远的影响，我们先来看看企业面临的突出问题。

问题一：销售和生存的问题。

疫情这个黑天鹅事件对广大企业造成了巨大的冲击，特别是实体企业，相信大家都深有感触。企业在一定时间内无法正常开展市场营销活动，面临着没有收入或者收入很少、入不敷出的境况，承受着巨大的生存压力。

问题二：用户流失的问题。

可能很多企业还没有充分地意识到，但是这个问题其实比第一个问题更加严重。

为什么会有用户流失呢？因为在疫情期间，很多人的消费习惯和消费路径都发生了变化。比如说以前我们买菜，会去小区附近的门店、菜市场、超市，但是在疫情期间，大家减少了出门的频率，很多东西的购买都转到了线上，上网购物，上网买菜。

比如说你开了个实体店，正常情况下每天都有一定数量的顾客上门，你和他们之间是有联系的，但是在疫情期间，你停业了3个月，但顾客还是需要买东西的，你这里不营业，他们就会转到其他途径去买，顾客和你之间就处于失联状态。

也许你会说没关系，三个月之后我正常营业，一开始营业就能够顾客盈门。但是实际情况并不是这样的，等三个月后营业的时候，你可能会发现，顾客已经离你远去了，因为他们已经养成了新的消费习惯。所以用户的迁移将对疫情后的商业形态和格局会产生深远的影响。

## 2.2　它们是如何应对的

很多企业都在想方设法寻求新的出路，希望能够快速突围。但是并非所有企业的努力都能取得想要的结果，我们发现这样一条规律。

> 凡是不能直接触达用户的企业，都会很惨；凡是平时注重用户运营、能直接触达用户的企业，抵抗风险的能力都很强，甚至能够逆势增长。

### 2.2.1　茵曼服装

举例来说，有一个服装品牌叫茵曼，从线上起家，然后又发展到线下，现在有 600 多家门店，疫情期间只有 50 多家门店勉强营业，不到总门店数的 1/10，造成的结果就是销售额的断崖式下滑。

面对这样的困境，该怎么办呢？

看一下茵曼的办法，其实说起来比较简单。

**一是改变销售策略。**

从线下为主改为线下为辅、线上为主。

**二是开展社群营销。**

联合全国 600 多家门店的店主开展社群营销，每天早上到晚上，600 多家门店的店主通过朋友圈、微信群或者与粉丝一对一沟通，推出特色商品，引导顾客前往小程序下单。

取得了什么结果呢？小程序日活跃人数突破 6.56 万，超过 2019 年"双11"的日活跃人数，销售额的断崖式下滑迅速得到扭转，并且完成了日常

140%的销量，而这一切几乎都得益于社群营销。

其实从专业的角度来看，茵曼所做的事情只是一种比较简单的社群营销，其中还有很多可以提升和优化的地方。但就是这么一个方法，让茵曼的业绩出现了很大的改善。

### 2.2.2　名泰集团

再比如名泰集团。名泰集团是一家养生保健方案提供商，也是我们的会员企业，线下有2000多家实体店，疫情期间无法正常营业，怎么办呢？他们的行动力很强，迅速打造了一个社群新零售平台，叫品乐家，基于线下的2000多家实体店做社群的构建和运营，以大区为单位，要求各大区下面的实体店，添加老顾客的微信并邀请到微信群，同时做微信群的运营。

接着又做直播＋社群＋新零售。具体做法是，请健康保健方面的专家来做知识分享。比如疫情期间大家都充分认识到免疫力特别重要，那么如何提升免疫力呢？请专家来做这方面的分享，之后顺势推荐能够提升免疫力的相关产品，这些产品是在品乐家新零售平台上进行销售的，并制定了相应的推荐奖励机制。专家讲完后，社群群主也就是某个实体店的店长或者运营人员，就把产品的链接发到群里面，引导大家下单购买。

取得了什么效果呢？从2020年2月开始，他们迅速建立了400多个社群，通过直播新零售：

一小时，3000盒艾灸贴被抢购一空；

一天，阿胶膏库存卖空，销售额30多万元；

三天，灵芝孢子粉售出1090单，销售额超过39万元。

### 2.2.3　居然之家

对于以上这两个案例，可能有人会说：这两个企业经营的都是生活消费品，如果我卖的产品单价较高、用户购买频率较低，是不是也能采取类似的方法呢？我们来看下面的案例。

居然之家是全国知名的家居建材超市，疫情发生后，其迅速采取了应对措施，联合了全国 136 家门店做淘宝直播。

简单来说就是让这些门店的导购来做主播，通过直播来进行品牌宣讲，当然更重要的是对消费者的问题进行解答，并引导成交。

看一下统计数据：三天之内直播了 1045 场，观看人数 70 万，引导成交近 1500 笔，成交额约 4000 万元。

以上分享了三个案例，你不妨参考一下，如果你自己也在做实体店，也在做连锁门店，是不是也可以用同样的方式来做呢？

也许你觉得很简单，无外乎就是基于老顾客来建群，通过一些平台做直播，把群的流量引到直播间来做转化，将小程序或者微商城、App 作为成交阵地。

从形式上来看确实如此，但问题是哪怕用同样的方式，你能不能取得类似的或者更好的效果呢？

无论是茵曼服装、名泰集团还是居然之家，如果没有这么多年的耕耘和积累，没有对品牌的维护，不注重产品的品质，不做售后，对顾客爱理不理，根本没有留下顾客的电话号码，根本没有加过顾客的微信，那么请问：他们能找到顾客的电话号码吗？能把顾客拉到微信群里面吗？首先就联系不上。即使他们能够找到联系方式并告诉顾客：现在生意太不好做了，我们的资金链马上就要断了，请你来我这里买东西吧。如果你是顾客，平时受尽了白眼，这时候你会去买吗？

所以，以上案例中的企业之所以能扭转局面，核心是解决了两个问题。第一个是流量，第二个是留量，留下来的流量。

线下流量断了没关系，迅速通过社群的方式把用户转到线上，相当于开辟了一个新的通道，解决了流量的问题。同时因为平时有沉淀，有积累，做好了顾客运营，顾客对品牌有信任关系，所以换了一个方式后，顾客还是会购买。

## 2.3　正确的应对策略

回过头来，前面我们提到企业面临着两个难题，现在已经找到了答案。是什么呢？

**第一，开辟或放大线上市场，来解决流量的问题。**

现在不是讨论要不要做线上的问题，不是讨论要不要做社群的问题，而是如何快速地把线上、把社群做好的问题。线上引流、线上运营、线上推广、线上营销，必须快速做起来并且做好，线下和线上两条腿走路，可以增强企业抗风险的能力。

**第二，重视客户关系运营，解决留量的问题。**

你不能仅仅经营产品，还要去经营用户，不能像以前那样和用户做一锤子买卖，和用户处于失联的状态，而要从与用户失联变为与用户直联，甚至从用户链接到用户焊接，用社群来构建强有力的用户关系。

要解决流量问题，我们需要找到最大的公域流量池。要解决留量问题，我们需要找到最好的私域流量池。

最大的公域流量池是什么呢？很明显，就是以抖音、快手、淘宝直播为代表的直播短视频平台。最好的私域流量池是什么呢？很明显，是以个人微信号和微信群为代表的腾讯系流量。

所以说，直播和社群从 2020 年开始一定会异常火爆。

2020 年 4 月 1 日，中国第一代网红罗永浩开始了抖音的直播带货首秀。

董明珠也多次直播带货，而且直播的成绩一次比一次亮眼，销售额从几十万元到上亿元再到几十亿元、上百亿元。

央视的 4 位主持人同样启动直播，他们和国美、京东合作，做了一次直播，销售额达 5.286 亿元。

再看下面这个表，从 2020 年开始，携程董事长梁建章、复星国际董事长郭广昌、新希望董事长刘永好、百度创始人李彦宏、京东零售 CEO 徐雷等知名企业家纷纷进行直播带货。从这点上可以明显看出来，直播这个趋势已经势不可当。当然在这个过程中也出现了一些问题，比如各种"翻车"事件，但主流趋势是向好的。

| 企业家 | 首次直播 | 直播场次 | 带货金额/成果 |
| --- | --- | --- | --- |
| 携程董事长梁建章 | 3 月 24 日 | 10 | 3.3 亿元 |
| 洋码头创始人曾碧波 | 3 月 26 日 | 1 | 375 万元 |
| 复星国际董事长郭广昌 | 4 月 1 日 | 1 | 2.88 万元 |
| 锤子科技创始人罗永浩 | 4 月 1 日 | 7 | 4.1 亿元 |
| 新希望董事长刘永好 | 4 月 13 日 | 1 | 1500 万元 |
| 盒马鲜生 CEO 侯毅 | 4 月 21 日 | 1 | 500 万只小龙虾 |
| 格力电器董事长董明珠 | 4 月 24 日 | 3 | 10 亿元 |
| 去哪儿网 CEO 陈刚 | 4 月 29 日 | 1 | 1605 万元 |
| 百度创始人李彦宏 | 5 月 15 日 | 1 | 1000 份以上书单盲盒 |
| 京东零售 CEO 徐雷 | 5 月 22 日 | 1 | 26 亿元 |

总结起来，通过直播来做引流和转化，通过社群来做用户运营和沉淀，通过新零售来做成交和裂变，直播、社群、新零售三者融合起来，必定会发挥巨大的威力，这就是本书的核心，我们认为直播社群新零售是破解企业面临困境的不二之选。

现在，你应该体会到直播社群新零售的巨大威力了吧？那么，这个模式到底是什么样的？它的底层逻辑是什么？它的内部结构是什么样的？它的流程和路径是什么？我们将在第 3 章进行详细解读。

## 本章要点

- 用户的迁移将对商业形态和商业格局产生深远的影响。

- 商业竞争的核心正在快速从产品转向人，用户竞争的核心正在快速从数量转向质量。

- 用户关系才是王道。

- 凡是不能直接触达用户的企业，都会很惨；凡是平时注重用户运营、能直接触达用户、注重用户运营的企业，抵抗风险的能力都很强，甚至能够逆势增长。

- 直播很火，但如果不能和社群深度融合，必将成为无源之水。社群很牛，但如果不能通过新零售转化变现，必将无法持续！直播、社群和新零售无缝衔接，才是王道。

- 企业的正确做法是：通过直播引流，通过社群沉淀，通过新零售转化变现，这就是"直播社群新零售"，也是后疫情时代企业突围的最佳实践。

Chapter
Three

---

# 第 3 章
# 社群新零售模式解读

▼

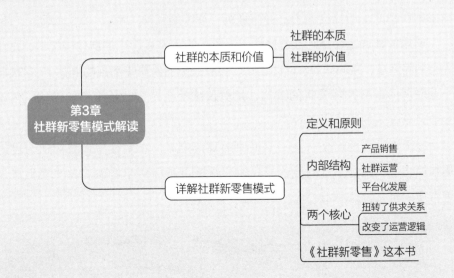

第3章
社群新零售模式解读

社群的本质和价值 —— 社群的本质
　　　　　　　　　　 社群的价值

详解社群新零售模式

定义和原则

内部结构 —— 产品销售
　　　　　　 社群运营
　　　　　　 平台化发展

两个核心 —— 扭转了供求关系
　　　　　　 改变了运营逻辑

《社群新零售》这本书

## 3.1 社群的本质和价值

### 3.1.1 社群的本质

首先，我们一起来看几个基本概念，在认知上达成一致。

社群是什么？提到"社群"这两个字，在你脑海里浮现出的是什么？可能不同的人是不一样的，有的人想到的是微信群、QQ群，有的人想到的是线下的协会、俱乐部，或者其他。

社群（community）一词源于拉丁语，意思是共享居住空间、兴趣或其他共同点的人群，或是指亲密的伙伴关系。它是19世纪末20世纪初社会学中描述人与人之间关系的一个非常重要的概念。社群在社会学中的定义是领域内发生作用的一切社会关系：行为规范、持续的互动关系。

通用的社群定义是：**社群是价值观统一的人聚集形成的群体或组织，是由具有共同追求、共同理想、共同目标、共同兴趣的人聚集而成的群体。** 它是基于互联网的新型人际关系的重构，是对传统社会结构、传统组织结构、传统企业经营模式的重构与融合。

以上对社群的定义，是一个书面的规范定义，在实操中，我们认为可以更加简化些。结合多年的经验，我们非常认可下面两个看似简单直接但更逼近本质的定义。

> 定义1：一群人，一条心，共同做一件事，简称"三个一"。
>
> 定义2：一群人组成的精神联合体和利益共同体，简称"两个体"

先来看定义 1，现在建群很容易，无论是线上的微信群还是线下的协会。常见的场景是，大家参加一个线下活动，有人提出面对面建群，输入"8888"，现场的人都进入了同一个微信群，然后呢？往往就没有然后了。这就是为什么很多群会迅速变成僵尸群、广告群、死群。因为只有"三个一"中的第一个"一"，一群人，但没有形成一条心，更没有确定要做的同一件事。仔细梳理下，你可能会发现，你的那些社群，无论是线上社群还是线下社群，90% 以上都是这样的情况。

再来看定义 2。它的重要性在于，让人们从单纯的利益链接中脱离了出来，升华到了精神链接。微商群体靠分销机制、层级差价的模式，层层赚钱，是典型的利益共同体，在红利期可以迅速赚到钱，形成利益共同体，但是精神链接比较弱，就好像是盖了一座高楼，但地基是沙滩，非常不稳固。一旦出现问题，很容易土崩瓦解，这也是我们看到很多的微商项目起来得快、倒下去更快的原因。

要想解决这个问题，必须打好基础，把地基从沙滩升级为钢筋混凝土，这个基础就是精神联合体。

社群以精神内核为基础，为每个成员都贴了一张精神标签，社群是精神联合体，它将人与人的精神世界联结起来，从而形成了一个非常牢固的底层链接。

那么，微信群、QQ 群、商协会、俱乐部、老乡会、同学会这些是不是社群呢？可能是也可能不是。到底是不是，我们要看其本质是不是符合我们说的一群人一条心共同做一件事。符合的，就能持续发展，不符合的，很快就会变成僵尸群、广告群、死群。这些都是社群在不同的生命周期、不同的进化阶段的表现形态，是社群的载体。

## 3.1.2 社群的价值

社群为什么如此重要呢？

下面这句话就揭示了社群的价值。

> 离开人，一切都是零，而社群就是人的载体。

再看一句话。

> 这个时代你的产品可以被模仿
> 你的店铺和广告可以被模仿
> 唯有你和顾客的关系无法被模仿。
>
> ——用社群重塑顾客关系

前面我们讨论的几个案例，包括茵曼服装、名泰集团、居然之家，为什么能够在受新冠肺炎疫情冲击的情况下逆风飞扬呢？就是因为他们平时注重用户关系的运营，所以不管是在线下还是线上，顾客都能够放心地去购买，这就是社群的价值。

我们把对社群的认知分为三个层次，不同的认知层次，决定了不同的行为模式，以及不同的结果。对照一下，自己处于哪个层次。

**第一个层次**：社群是营销通道。

90%以上的人都是这么认为的，他们问得最多的就是如何做社群营销、如何通过社群卖东西。处于这个层面，会把社群当作单纯的利益共同体。

**第二个层次**：社群是交流互动的阵地。

核心是通过互动和链接建立信任和情感。处于这个层面，更看重社群的精神联合体的属性。

**第三个层次**：社群是基础设施，是高速公路。

企业就像一辆汽车，可以在高速公路上行驶，快速并且顺利地到达目的地，修建高速公路的人收取过路费，大家各取所需。这个层次融合了利益共同体和精神联合体的双重属性。

如果你的眼里还是只有社群营销，那社群必然救不了你。

## 3.2　详解社群新零售模式

### 3.2.1　社群新零售的定义和设计原则

2017 年下半年，我们提出了把社群和新零售结合起来的一种模式，称为：社群新零售，并在我们服务和合作的企业中开始实施。让我们惊喜的是，这种模式在一些企业包括两家上市公司中取得了很好的效果，让企业实现了飞跃发展，新增业绩从几千万元到几亿元。当然，也有一些企业并没有取得很好的效果。

基于这些经验教训，我们不断总结和提炼，希望设计出一套新的模式，结合我们落地企业项目的实践，融合社群和新零售，规范化、系统化地帮助企业开拓市场、获得用户、提升收入，顺利实现转型和升级。

经过长期不断的实践、碰撞和优化，基于企业实践，我们设计出了这个模式，就是社群新零售。

> 社群新零售，就是基于社群关系，以用户为中心，以用户需求为驱动，通过供应链重构和线上线下融合，实现按需定制的新型零售模式。

社群新零售最核心的就是两个字：用户。它的底层逻辑不是卖货，而是满足用户需求。

底层逻辑不一样，就决定了这个模式的具体的流程、方法不一样，结果也会不一样。这也是这么多年我们在落地社群项目过程中所提炼出来的、经过很多企业验证有效的模式。

社群新零售模式在设计时遵循了两个原则：三个层次 + 三个并行。

#### 1. 三个层次

社群新零售模式分为三个层次，这三个层次分别是产品销售、社群运营、平台化发展，而且关键的一点是，三个层次并行，而不是串行。

**2. 三个并行**

社群新零售模式分为三个并行：产品和社群并行，销售和教育并行，线上和线下并行。

随着时代的变化，商业从功能商业进化为精神商业，企业必须从以产品为中心进化为以用户为中心，和用户的关系必须从利益共同体进化为精神联合体，和用户的互动必须是线上和线下兼顾。

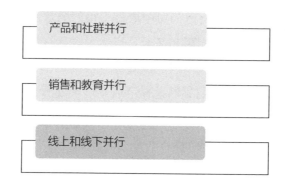

### 3.2.2　社群新零售的内部结构

社群新零售的内部结构到底是什么样的呢？

在第 1 章中我们已经给出了社群新零售的内部架构图，大家可以回顾一下，下面进行详细介绍。

**第一层：产品销售。**

库存压力大、现金流紧张是长期悬在企业头上的两把刀，如果不能解决，企业是没有心思做其他事情的，所以社群新零售模式的第一层就是产品销售，先帮企业解决最头疼的问题。

企业销售产品可以有很多种方式，包括电视广告、报纸广告、百度竞价、电商平台、微商等，但是众所周知，开发新用户的成本太高了，中小企业根本无法承受。

那该怎么办呢？我们换一个思路，其实你想要的用户，他们不仅要买你的产品，还会买各种各样的其他产品，也就意味着他们已经是很多企业的用户了，我们称这些企业为：B 端节点。

如果我们找到手里面掌握了用户的这些 B 端节点，和他们达成合作，通过他们把我们的产品信息推送给我们的目标用户，借助他们和用户之间的信任关系，是不是就可以产生较高的转化率呢？

这个其实就是一种借力。

一定要清楚两个原理：

（1）你想要的用户，一定已经是其他人的用户了，你获取用户最快的方式，不是从零开始，而是找到手里拥有你的目标用户资源的人，和他们合作。

（2）用户相信的不是广告，而是朋友或专家的介绍。

基于这两个原理，目前最适合企业做产品销售的模式是 S2B2C，这也是社群新零售中所采用的产品销售模式。S2B2C 是阿里巴巴参谋长曾鸣提出的新概念，是一种对新零售、新商业未来创新的思考。百度百科给出的解释为：

S2B2C 是一种集合供货商赋能于渠道商并共同服务于顾客的全新电子商务营销模式。

S：Supplier，指的是大供货商，它既要为渠道商整合上游优质资源，又要为渠道商提供 SaaS 工具、技术支持、金融支持等。

B：Business，不是传统意义上的商家，而是渠道商，主要负责与用户沟通，发现用户需求，同时将这些信息反馈给供货商，以便落实用户所需服务。

C：Customer，终端用户。

简单来讲，就是借力渠道、销售节点和老用户介绍，完成企业产品的销售。企业负责提供符合用户需求的优质产品，渠道和销售节点负责找到用户并完成销售以及对用户的服务，用户以合适的价格得到自己想要的产品，各取所需。

这种方式规避了企业把所有问题都自己扛的"老毛病"，让企业专注做自已擅长的产品打造和供应链，把不擅长的市场销售交由更合适的人来完成，借力社会化力量，开拓和占领市场。企业和渠道都能赚到钱，用户也能获得实惠，从而打造了一个利益共同体。

第二层：社群运营。

通过第一层 S2B2C 模式的产品销售，让渠道商快速赚到钱、结成利益共同体，这是第一步，但还远远不够。单纯的利益共同体，就像盖在沙滩上的高楼，根基不稳，不可持续和长久。2018 年我们服务的一个企业就是活生生的案例。

这家企业（以下简称 A 企业）做的是一款健康产品，推出后迅速获得了市场的认可，拥有了一批忠实用户。后来 A 企业设计了一套分销机制，让分销的人可以获得收益，引发了用户传播和裂变，半年时间销售额就突破了 6 亿元。有两个代理起到了至关重要的作用，其中一个代理带的团队的销量占了 A 企业总销量的 50% 左右，另一个代理带的团队的销量占 25% 左右，这两个代理的业绩奖励也都达到了百万元。

A 企业的业绩迅速得到了市场的关注。广东另一家企业开始迅速跟进，做了基本一样的产品，设计了差不多的分销模式，并直接来找 A 企业的代理，承诺给其更高的利益回报。不少代理纷纷被挖走了，包括上面提到的两个至关重要的代理中的一位，一下子对 A 企业造成了巨大的打击，一时间 A 企业人心惶惶，团队不稳，业绩迅速下滑。

幸好 A 企业有所准备，迅速和我们合作，启动了社群构建和运营，打造了商学院系统，为代理、老用户提供了专业的知识和推广技能的培训，并组织了线下的各种活动，增加了用户黏性，树立了大家对企业的信心，逐渐稳定了军心并扭转了局势。这个案例充分体现了社群运营的重要性。

社群新零售体系中的"钢筋混凝土"就是人和人之间的信任和情感，信任和情感怎么建立？靠互动和链接。互动和链接怎么做？靠社群运营。

所以，在产品销售的同时，必须启动针对渠道商的社群运营，实现两个目的。

（1）渠道商之间、渠道商和 S 端企业之间紧密链接，建立信任和情感。

（2）S 端企业为渠道商赋能，协助渠道商更好地服务终端用户。

社群运营分为两个环节，打造和运营，打造是从 0 到 1，运营是从 1 到 10。社群打造是基础，基础不好，地动山摇。目前的社群，90% 以上都在经历着从最开始的一阵热闹到变成僵尸群、广告群、死群的过程，很大程度就是因为没有社群打造的环节，没有考虑清楚社群的定位、人群、内容、规则、架构等要素。由于见不到立竿见影的效果，社群打造很容易被忽略。关于社群打造，我们总结了一套流程并称之为**社群打造四部曲**。

建立了社群但不做运营，就像生了孩子但不养育一样，结果就是烂尾。社群运营是社群新零售模式的重中之重，当然也是最需要花费时间和精力的环节。**社群运营主要包括三个板块：内容运营、活动运营和用户运营，我们称之为社群运营三板斧。**

关于社群打造四部曲和社群运营三板斧，在我们的上一本书《社群新零售》中有详细介绍，本书第 8 章中也做了一定的更新和补充。

**第三层：平台化发展。**

通过产品销售，企业和渠道商赚到了钱，结成了利益共同体。通过社群运营，大家建立了信任和情感链接，打造了精神联合体。这时候，社群成员的思维会发生质变，单打独斗的做法早已被摒弃，合作已经成为本能选择，平台的土壤已经完全具备。

当一位社群成员有项目要启动时，其他成员会自动参与进来，有钱出钱有力出力，通过众筹解决资金问题，通过众创解决内容问题，通过众包解决人力问题，实现资源对接，合作共赢，快速启动和推动项目的发展。

这时候启动项目会变得非常容易和简单，会不断有新产品和新项目呈现出来，社群成员组成不同的团队来运营项目，平台要做的，就是制定好运营规则，维护大家的共同利益。平台成了一条高速公路，每个项目成了一辆汽车，每个项目运营团队成了汽车的驾驶和维护人员，同时有多辆汽车在高速公路按照交通规则快速前进，顺利到达目的地，同时又有新的汽车不断上路。每个人都可以在其中找到自己的位置，发挥自己的优势，不但能卖货，还可以开拓自己的事业，最终打造成事业共同体和命运共同体。

我们来总结一下社群新零售，第一层叫产品销售，打造利益共同体；第二层叫社群运营，打造精神联合体；第三层叫平台化发展，打造命运共同体。如果你充分理解了这个模式，你就会发现其实它是一个高维的商业模式，在帮你做一个动作：升维。

以战争为例来说明。一开始交战双方都是陆军，在地面作战，拼战术、拼勇气，这是一维模式。

后来有一方升维了，不仅有陆军，还有了海军，从海陆两个维度打击敌人，这就成了二维模式。

后来这一方继续升维，又有了空军，海陆空全面进攻，已经变成了三维，对方还是一维的，高维攻击低维，对方基本上没有任何还手之力。

如果掌握并用好了这个模式，你就会从单纯的产品销售的一维竞争升级到二维的社群竞争，再升级到三维的平台竞争，从而在市场竞争中立于不败之地。

### 3.2.3　社群新零售的核心

社群新零售有两个核心。

**第一，扭转了供求关系。**

以前不管是淘宝的 C2C，还是天猫、京东的 B2C，包括有些企业做的 F2C，有个共同的特征，就是用户都在后面。也就是说，产品其实是卖家说了算，卖家来决定产品的功能、性能、颜色、价格等，作为买家，只能决定买还是不买，但是不能改变产品，无法参与到产品的设计、生产、制造、销售的环节中。

为什么很多产品做出来就是卖不出去呢？为什么靠硬广告去推广还是没什么效果呢？其实是根源上出了问题，是因为你的产品根本就不是基于用户的需求开发出来的，而是企业创始人、研发团队自己拍脑袋拍出来的，你不知道用户的需求和痛点，所以这样的产品一出来，等待它的就是成为库存。

该如何解决呢？把 C 端用户从后面提到前面，让用户参与到产品设计、生产、制造、销售的过程中来，让用户和我们融为一体，让用户的需求和反馈在这个过程中实时地反馈出来，并且反映到我们的产品中。

这样的产品，用户能不买吗？能不帮你做口碑传播吗？

社群新零售是如何扭转供求关系的呢？

通过社群运营和用户建立紧密的联系，把用户的需求和痛点牢牢地把握住，然后对症下药。

为了便于理解，你可以想象，在社群新零售体系中，流淌着两条河，一条河是产品河，里面流动的是产品，流向是从 S 端流到 B 端节点再流到 C 端用户，它的核心是赋能。

另一条河是需求河，里面流动的是用户需求，它的发起端是 C 端用户，由 B 端节点进行收集整理，反馈到 S 端，S 端根据用户需求对症下药，反向定制出用户需要的产品，然后再通过产品河，经过 B 端节点把产品传递给 C 端用户。所以需求河是产品河的上游，它的核心叫作反向定制，这就是社群新零售的第一个核心。

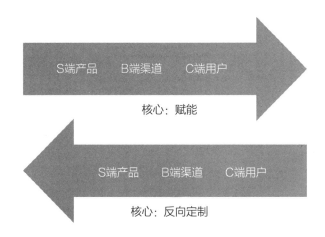

第二，改变了运营逻辑。

从产品运营逻辑转为用户运营逻辑。用户的痛点是一切产品的出发点。为了实现反向定制，一定要抓住用户的痛点。如果你和用户是一锤子买卖，根本没有沟通交流，不知道用户每天因为什么而烦恼，又怎么能知道他的痛点并对症下药呢？

如何抓住用户痛点呢？有两种办法，一种是通过大数据，比如像淘宝、腾讯、京东这样的平台，它们手里有大量的数据，可以根据用户的点击行为、浏览行为、购物习惯、发帖回复等，抓住用户的痛点。

第二种是更适合中小企业的更加简单直接有效的办法，就是通过社群运营。在社群运营过程中，你每天都和用户沟通交流，可以及时了解他们的反馈，然后把这些反馈进行分类整理，就可以抓住用户痛点了。

> 社群新零售不是简单的社交电商的升级，它是一个新物种，是一个高维模式，和传统电商、社交电商、社交零售有着本质的区别。

(1) 不是以产品销售为中心，单纯地打造利益共同体，而是以用户为中心，以用户需求为驱动，打造利益共同体、精神联合体和命运共同体。

从以产品为中心升维到以用户为中心，从产品是唯一升维到产品是第一。

(2) 不是简单地搭建平台、去中间化，而是通过大数据、云计算、人工智能等新技术、新手段，赋能和改造 B 端渠道，共同服务好用户，满足用户的需求，提升用户的消费品质。

(3) 不仅是为了提升效率，而是以用户需求为驱动，深入产业链，改造传统行业的生产逻辑和供应逻辑，打造社会化企业，推动行业的发展。

(4) 不是为了制造概念获取流量，而是通过切实地赋能 B 端渠道来服务 C 端用户，企业的服务重心从 C 端用户转换成了 B 端渠道。

(5) 不是仅靠单一的线上渠道，而是更加注重场景化落地，实现线上和线下的完美统一。

(6) 不是基于功能商业，不仅是满足用户的物质需求和生理需求；而是基于精神商业，更注重满足用户的精神需求。

### 3.2.4 《社群新零售》这本书

《社群新零售》这本书是 2019 年 7 月出版的，它最大的价值在于体系化地提炼出了一个完整的社群商业模式和落地流程，所以这本书一出版就受到了读者的欢迎。在 2019 年年底《销售与市场》杂志社主办的中国营销盛典上，我还获得了"中国原创营销理论探索奖"；在机械工业出版社 2019 年年底举办的大会上我也获得了"最受媒体欢迎奖"。

当然这些其实不算什么，比起这些，更让我们欣慰的是读者看完这本书之后给出的反馈。很多人看完之后，通过各种途径找到我们，一是表达激动的心情、表达感谢，二是和我们达成了深度的合作。

　　了解了社群新零售这个模式，也许你会兴奋，你会有所感悟，你会迫不及待地想要践行这个模式，但是，如何能顺利地在自己的企业和项目中落地执行呢？具体的流程和路径是什么呢？我们将在第 4 章中详细讲解。

## 本章要点

- 社群定义 1：一群人，一条心，共同做一件事，简称"三个一"。
- 社群定义 2：一群人组成的精神联合体和利益共同体，简称"两个体"。
- 离开人，一切都是零，而社群就是人的载体。
- 这个时代你的产品可以被模仿，你的店铺和广告可以被模仿，唯有你和顾客的关系无法被模仿。
- 在社群新零售体系中，流淌着两条河，一条河是产品河，里面流动的是产品，流向是从 S 端流到 B 端节点再流到 C 端用户，它的核心是赋能。另一条河是需求河，里面流动的是用户需求，流向是从 C 端用户到 B 端节点再到 S 端，它的核心是反向定制。需求河是产品河的上游。
- 社群新零售有两个核心，第一是扭转了供求关系，第二是改变了运营逻辑。
- 在社群新零售模式中，从以产品为中心升维到以用户为中心，从产品是唯一升维到产品是第一。
- 社群新零售不是简单的社交电商的升级，它是一个新物种，是一个高维的模式，和传统电商、社交电商、社交零售有着本质的区别。

Chapter
Four

———

# 第 4 章
# 直播社群新零售落地流程

▼

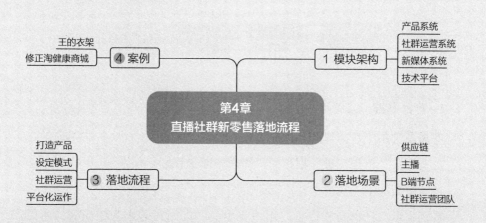

直播社群新零售该如何落地呢？

首先，我们来看看社群新零售系统的模块架构。

# 4.1　社群新零售系统的模块架构

社群新零售系统的模块架构如下图所示。

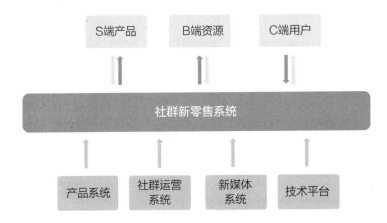

## 1．产品系统

产品系统用于产品打造和产品迭代。

打造爆品，单点突破，根据用户需求不断迭代。

在组织架构上，需要组建产品研发团队。

特别提示：社群新零售是以用户为中心，以用户需求为驱动的，所以产品研发团队切忌使用以前的中心化思维、靠自己拍脑袋的方式开发产品，一定要从产品思维进化为用户思维。要多和用户沟通，深入用户的生活，挖掘用户的需求和痛点，这样才能做出符合市场需求的、能解决用户痛点的好产品。

> 要从以自己为中心变为以用户为中心，这样才能做出真正符合用户需求的好产品。

此外，在社群新零售体系中，产品从以前的唯一升维成了第一，产品的作用除了销售外，更重要的是链接用户，所以对产品提出了新的要求，不仅要具备基本的功能，更要有内容、有场景、易互动，也就是说，要具备社群基因。

建议：产品研发团队中要有专人负责用户调研，包括收集用户需求和痛点，分析需求和痛点，制作需求分析文档，这个工作需要和社群运营团队紧密配合，从而挖掘出用户真正的痛点。用户需求和痛点是发动机，推动研发团队开发出有爆品基因和社群基因的产品，做到了这一点，企业就成功了一半。

### 2. 社群运营系统

社群运营系统用于社群体系构建、社群打造、社群运营，包括课程开发、授课、活动策划等。

在组织架构上，需要成立社群运营团队，包括运营官、内容官和信息官。需要根据社群现状和发展规划，提前做好人力资源的规划和人员的培养。

### 3. 新媒体系统

新媒体系统用于文案、图片、海报、视频等素材的设计、制作和传播，以及直播策划和实施等。

在组织架构上，需要组建新媒体团队，包括文案、设计、美工等。

### 4. 技术平台

技术平台用于成交下单、用户数据沉淀和数据分析、财务结算等。

前期可以通过小程序实现，轻便、和微信无缝衔接、开放周期短、成本低，后期可以开发 App。

在组织架构上，需要组建技术团队，前期推荐采取外包模式，和外部的技术团队合作完成平台系统的开发。

从头开始打造自己的社群新零售系统，需要 10 人以上的团队紧密配合，要花半年左右的时间，对于企业来说是一个较大的投入。当然，可以充分利用社会化力量，除了企业本身的员工外，多多对接外部资源，特别是社群成员。

有个更好的办法是复制现有的系统，产品系统无法复制，每家企业都不同，新媒体系统和产品系统息息相关，但是社群运营系统和技术平台是可以复制的。我们团队帮助不少企业打造了自己的社群新零售系统，通过复制节省了企业的很多时间和资金。

四个子系统搭建完毕后，整个系统就可以运转起来了，按照我们前面所讲的 S2B2C 的模式，两条河开始流动，一条是产品河，流动的是产品，一条是需求河，流动的是用户需求。

## 4.2　直播社群新零售的落地场景

我们一起看看下面这张图，它描绘的是直播社群新零售的落地场景。

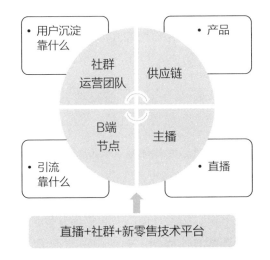

先来看供应链。企业通过设计、生产、制造等环节把产品打造出来，然后马上面临的问题就是，怎么把产品卖出去。比如线上销售，主要是通过淘宝、天猫、京东、拼多多这样的电商平台，图文并茂地展示产品，通过引流—点击—浏览—咨询—转化这样的过程，实现成交。

但是你肯定也发现了，图文展示的方式转化率太低了，1% 都达不到，能达到 0.5% 就不错了。这就意味着我们辛辛苦苦引来 200 个流量，最终可能只有一个成交，这样成本太高了，效率太低了，广大中小企业根本承受不起。如何能取得更高的转化率呢？

相比之下，采取直播这种方式，文字、图片、声音、实物、真人，都可以看到，场景感比图文强了很多，转化率也提高了很多。根据统计，直播特别是私域直播，转化率可以达到 5% 甚至 20%，这一点也吸引了不少人做直播。挑选合适的主播，或者企业创始人自己出境，设计好脚本，做好人货场的布置，就可以启动直播了。

转化率提高了，但是如果一个直播间里只有 100 个人，哪怕有 100% 的转化率，也只有 100 单。如何能有上千单上万单呢？就需要直播间里面有更多的人。

那么，如何吸引更多的人来到直播间呢？光靠企业和主播，肯定是远远不够的。前面我们提到 B 端节点，他们手里面掌握着我们想要的用户，所以我们要做的就是给他们提供素材，通过他们的扩散，为我们的直播间引流，这样直播间可能从 100 人迅速增加到 1 万人，如果能有 10% 的转化率，就可以成交 1000 单。这样是不是就很好了？

很好，但是还不够。

企业需要的不是一锤子买卖，而是持续的销售和盈利，我们希望这 1000 个人这次买了 A 产品，下次我们再做直播时，还可以购买我们的 B 产品、C 产品……甚至这 1000 个人可以帮我们做口碑传播，给直播间带来更多的人。

还有 9000 个没有成交的人，我们希望他们不要流失掉，不要看完直播就走了。我们需要把这 9000 个人沉淀下来，下次再做直播的时候他们可以参与，能够形成购买，同时也能帮我们做口碑传播带来更多的人。

那么，如何来做用户的沉淀呢？靠的就是我们的社群运营团队。

以上用场景的方式描述了直播社群新零售的落地过程，这里面包括四个角色：供应链、主播、B端节点和社群运营团队。请你对照一下，你的企业是否具备了这些角色？你可能会悲催地发现，你的企业只拥有供应链这么一个角色，只有产品，后面三个你都没有。

直播社群新零售还需要有技术平台来支撑，实现体系的正常运转。

说到这儿，可能有的小伙伴会问，直播现在到底有没有用？很多人处于这种状态，听别人说直播很火，然后看到董明珠、罗永浩这些名人带货，好像很容易就成交几亿元、几十亿元，于是就会想，我自己去带货，哪怕不能成交几十亿元，成交几十万元也行。于是兴冲冲地开通直播，不管是抖音、快手还是腾讯看点直播，开通完之后兴冲冲地发朋友圈、发微信群，邀请别人来看自己直播，结果发现来的人很少，可能有几十个人看，但不管你做了多么精心的准备，都没有人下单，甚至你发现来看你直播的人越来越少，很不幸，你就沦为了"直播难民"。

总结一下，直播很火，但并非适合所有的人。如果直播不能和社群深度融合，必将成为无源之水。社群很牛，但如果不能通过新零售转化变现，必将无法持续。直播社群新零售必须是三驾马车无缝衔接，才是王道。

## 4.3 直播社群新零售的落地流程

三驾马车如何衔接呢？直播社群新零售到底该如何落地呢？下图就是它的落地流程。

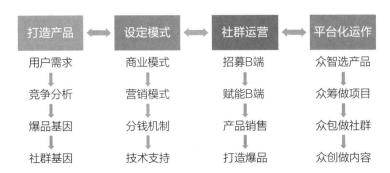

这个流程分为四个步骤，第一步叫打造产品，第二步叫设定模式，第三步叫社群运营，第四步叫平台化运作。下面我们一起把这个落地流程做一个拆解，便于你了解清楚全流程，后面章节中我们还会对每一步做具体的介绍。

第一步：打造产品。

打造产品分为三个步骤。

（1）分析用户需求。

首先是用户需求的分析，用户的需求和痛点是产品打造的基础和来源，没有这一步，做出来的产品就是拍脑袋，很容易成为库存。

（2）分析竞争对手。

通过用户需求的分析，你可能会找到一个利基市场也就是细分市场，先不要高兴，这个市场不一定是你的。一定要做好竞争分析，千万不要把竞争对手当作空气。通过分析来看这个市场是不是有竞争对手，有哪些，他们的优势和劣势分别是什么，我们的优势和劣势分别是什么，是不是有机会胜出。一个好的市场，往往会有很多竞争对手在盯着甚至捷足先登，如果已经有了巨无霸级别的竞争对手，自己又没有任何优势，那么也许应该考虑选择其他的细分市场了。

（3）打造爆品基因 + 社群基因。

分析完竞争对手之后，发现这个细分市场很有前景，然后我们就要去打仗了，打仗我们要有武器，武器就是我们的产品。在今天，普通的产品已经无法撬动市场了，我们的产品必须要具备两个基因，第一个叫作爆品基因，第二个叫作社群基因，我们将具备这两个基因的产品称为超级产品。

第二步：设定模式。

有了超级产品，相当于你的手里有了一把倚天剑，非常锋利，那么，是不是你就天下无敌了呢？还不是。因为你还没有学会绝招，还无法充分用好这把剑。那就要掌握绝招，模式就是你的绝招，包括三个方面：商业模式、营销模式和分钱机制。

关于商业模式，就是要明确人、货、场三个要素，一句话：在什么场景把什么产品卖给什么人。营销模式，我们只推荐 S2B2C 模式。分钱机制，就是设定合理的分销机制，能吸引更多的人愿意参与进来和你一起推广。以上这些准备就绪后，你就成了武林高手，就可以上场杀敌了。

第三步：社群运营。

进入落地流程第三步，社群运营。

这一步解决两个关键问题，第一个叫流量，第二个叫留量，即沉淀下来的流量。如何解决流量问题呢？还是我们说的S2B2C模式，需要对接和招募更多的B端节点，通过他们帮我们扩散传播，引来更多流量。如何沉淀为留量呢？就需要做社群运营。首先做好B端节点的社群运营，然后赋能这些节点做好他们自己的社群。具备了足够的流量、构建了信任关系后，产品销售和打造爆品自然就实现了。

直播是贯穿在整个过程中的，招募B端节点需要用到直播，B端节点运营自己的社群需要用到直播，提升转化率需要用到直播，它是社群运营板块的重要手段。

第四步：平台化运作。

我们在解读社群新零售模式时提到了，当社群运营进展到一定程度、构建起了社群成员之间的信任和情感后，就会自然而然地进入平台化运作的状态。主要方法就是众智选产品、众筹做项目、众包做社群、众创做内容，我们称之为"四众大法"。

以上就是直播社群新零售的整体落地流程。这个非常关键，如果你能把这个流程刻在脑海里，基本上就知道你的企业、你的项目该怎么做了。很多企业的负责人都说，我们的产品做得特别好，但就是卖不出去，肯定是我们的营销有问题。实际上如果从根源上去找，你会发现，你所认为的营销问题，80%以上并不真的是营销问题，而是产品的问题。你的产品没有爆品基因，没有社群基因，无论你怎么做营销，也卖不好。

有的企业负责人说，我们的产品有了社群基因和爆品基因，为什么还是卖不出去呢？审视一下，你是否有了好的场景、好的商业模式，是否采用了S2B2C的营销模式，是否有吸引力强的分销机制。如果没有，你可能就无法调动更多的B端节点帮你做传播和扩散，你就无法获得更多的流量。

所以，我们必须系统化地去分析问题、解决问题。这个流程就是一个系统化的落地流程，也是我们在社群行业这么多年不停地实践、不停地提炼和总结、不停地进化并经过实践验证的一个有效的流程。

## 4.4　直播社群新零售案例

### 4.4.1　王的衣架

在我们的学员和会员企业中，有很多人都是学了这套模式之后，马上就用，用了之后就有效果。

比如王的衣架，这是浙江省杭州市的一家企业，做了 20 多年，专门生产高端优质衣架，以前一直是做 B 端市场，出口到国外，并和很多高端服装品牌合作，现在要转型做 C 端市场，怎么做呢？他们以前在这方面并没有太多的经验，总经理李娃学了这套模式之后，非常有信心，明确了企业未来的打法，就是用直播社群新零售这套模式来做。

于是他们就开始着手打造爆品。

衣架是人人都要用到但又不会太在意的一个产品。家家户户在衣柜里面都有很多衣架，但是很普通，没有什么特殊的。

如何打造爆品呢？李娃收集了大量的网络信息，做了用户痛点分析，发现有个很大的痛点：送礼不知道选什么。衣架除了基本的挂衣服的功能外，还有一个特殊的含义：开挂。于是，他们决定打造"开挂"系列的衣架产品，代入送礼的场景。送这个衣架，实际上不是衣架本身，而是产品背后给你带来的"开挂"这个祝福，比如事业开挂、高考开挂、家庭开挂等。这样它就成了一个独特的、与众不同的礼品，解决了很多人送礼的选择困难症。

然后是打造IP，经过头脑风暴，李娃的个人标签被定为"开挂女王"，产品的宣传语是：王的衣架，任性开挂，通过IP为产品注入了独特的个性和内涵。

基础工作做好了，该如何销售呢？基于社群的资源来做直播。基于企业自身的资源，以及我们众生活的社群资源，李娃组织了几场直播，每次直播都能产生一定的销售量。更关键是通过直播产生了种草的效果，因为大家以前从来没有想过，原来一个衣架也可以做的这么高端，所以很多人对这件事情特别感兴趣，李娃就顺势组建了女王派这样一个粉丝社群，并从中招募了一批品牌合伙人，然后再通过品牌合伙人的扩散宣传，又带来了一些新的顾客，这样就形成了一个良性的循环。

下图就是王的衣架的产品，从礼盒到产品到名称（幸福开挂礼，心花怒放礼）都非常有特色。

### 4.4.2　修正淘健康商城

修正集团是全国知名的药企，生产了很多知名的产品，比如斯达舒、肺宁颗粒等。除了药品之外，修正集团也做了一些大健康类的产品，2019 年成立了修正淘健康商城。

张译锦是集团社群部门负责人，学到了这套模式后，她觉得这套模式特别棒，对修正会有很大的促进作用，于是就开始在修正淘健康商城来做落地。

第一步选定爆品，选定了几款爆品的组合作为本次活动的主打产品。

第二步筛选人群，筛选了以前的一些老顾客，包括一些销售经理，然后组建了一个微信群，把这些人邀请到了微信群里，当然有一个小小的入群门槛。

第三步设定模式，设定了一个分销奖励的机制。

第四步做社群的动销，在社群里面通过红包、猜、奖、问等方法做用户的激活和运营，最后通过动销促进转化。

下面就是张译锦给出的反馈：实操性极强，模板给力，修正淘健康社群第一次测试，群内付费 206 人，出单 400 多单，升级销售经理 81 人。

以上介绍的是直播社群新零售的模式以及落地流程。核心是打造"三个超级"：超级产品、超级模式、超级流量。企业要想落地这个模式，就要按照以上流程制订具体的落地计划，列出每一项任务，确定计划完成时间、责任人，并按照计划实施。

那么，什么样的产品才算超级产品？如何打造出企业自己的超级产品呢？我们将在第 5 章中详细介绍

## 本章要点

- 直播社群新零售落地流程：打造产品、设定模式、社群运营、平台化运作。
- 直播社群新零售打造"三个超级"：超级产品、超级模式、超级流量。
- 用户的需求和痛点是发动机，是产品打造的基础和源泉。
- 从以自己为中心，变为以用户为中心，这样才能做出真正符合用户需求的好产品。
- 你所认为的营销问题，80% 以上并不真的是营销问题，而是产品的问题。

# 第5章
# 直播社群新零售落地之
# 如何打造超级产品

▼

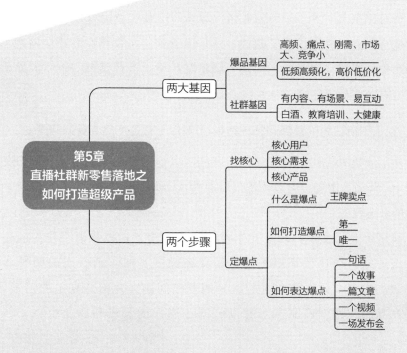

## 5.1 超级产品的两大基因

首先想跟大家分享几句话。

(1)企业存在的唯一价值是解决社会的问题，产品存在的唯一价值是满足用户的需求。

这句话看起来好像是废话是空话，但是我们认为它非常关键，非常重要。它是底层逻辑，是一个认知上的问题。

你可以思考一下，作为创业者，你当时为什么要做这家企业？为什么要生产这个产品？是纯粹为了赚钱，还是你看到了一个存在的社会问题，你希望通过你的产品来解决这个问题，满足某一类人群的某个需求？如果是前者的话，有可能你只能赚一时的钱，但是无法持续。

(2)你所认为的营销问题，其实80%以上都是产品本身的问题。

从工业化时代到信息化时代，产品从以前的唯一变成了第一。产品是前面的1，营销、市场、渠道等都是后面的0。如果前面的1立不起来，后面加再多的0也没有用。

很多企业都在说：现在卖东西太难了，用了各种营销手段，但还是没有什么效果，用户就是不买单。其实在经过了抽丝剥茧式的调研和探索后，我们发现，大多数企业所认为的营销问题，并不是真正的营销问题，而是产品的问题，产品本身并没有基于用户的需求和痛点打造，产品不够好。

（3）产品是我们上场杀敌的武器，必须足够锋利。

直播社群新零售落地的第一步是打造产品。现在的产品同质化太严重了，要想在竞争激烈的市场中脱颖而出，普普通通的产品已经远远不够了，要做就必须做超级产品，这样才能够打开市场。

超级产品需要具备两个基因，第一个叫作社群基因，第二个叫作爆品基因。如果产品不具备这些基因，那么你用什么样的营销手段也是事倍功半。

### 5.1.1　爆品基因

第一个叫爆品基因。提到爆品，大家可能会想到雷军和小米。雷军对爆品战略是这样解读的。

> **所谓爆品战略：**
> 　　就是找准用户需求点，直接切入，做出足够好的产品，集中所有的精力和资源，在这一款产品上做（单点）突破！互联网最核心的打法就是单点突破！
> ——雷军

爆品基因有五个要素：高频、痛点、刚需、市场大、竞争小。不做过多的解释，大家一看应该就能明白是什么意思。

总结一下，具有爆品基因的产品一般具备以下特点。

**第一点：必须能解决用户的某个痛点。**

用户的痛点是我们打造爆品的出发点。如果你根本不知道用户是谁，根本不知道用户的痛点是什么，根本就没有瞄准用户的痛点，那就相当于打靶时没有靶子，你在乱打，结果是什么就显而易见了。

**第二点：必须能满足用户的某个需求，而且是底层需求。**

吃喝玩乐、衣食住行、健康、社交、尊重，这些属于底层需求。底层需求是长久存在的需求，只有满足底层需求的产品才能够长久。

我们有个跑车计划，筛选合适的项目进行直播社群新零售的落地，我们看项目的时候有一套筛选的标准，如果项目不符合这些标准，可能我们就没法合作，哪怕你给钱。看起来高大上但是不能满足某个底层需求、无法落地的项目，是会被直接排除的。

### 第三点：可感知体验好。

在移动互联网时代，随着消费者主权意识的觉醒，体验经济显得尤为重要。产品好不好，卖家说了不算数，消费者体验了才算数。

举例来说，要销售一款化妆品，你说："这款化妆品效果极佳，连续使用10年之后能够让你逆龄生长，永葆青春，但是开始使用的前10年内不会有什么效果，看不到任何的变化。"你觉得这样的产品能卖出去吗？

现在大家都希望能够马上看到效果、体会到好处。比如说一款具有美白功效的化妆品，用了之后五分钟就能够让你美白，就是可感知体验好；再比如空气净化器，使用半小时后看到室内空气的 PM2.5 指数从 300 降到 50，这也是可感知体验好。

### 第四点：性价比高。

目前产品的价格非常透明，很多消费者在购买前喜欢在京东、淘宝、天猫等平台对比价格。你的产品的价格不一定最低，但性价比要有一定的优势。众生活新零售平台和企业合作的时候，我们都会提出要求，即产品的性价比一定要高，要让我们的会员在众生活买东西，可以做到即使闭着眼睛买，也是样样都超值。

你可以来评估一下，你的产品到底具备爆款基因五个要素中的几个。可能评估之后你会发现，你的产品只具备其中三个要素，那么这个产品是不是就不能做呢？原则上来讲，具备的越多，你的产品越有竞争力。如果具备的很少甚至一个都不符合，那么这个产品就不要做了，或者尽快做改进优化。

2017 年的时候，有一位女士找我交流，她带了几个手表给我看，是一款瑞士品牌的手表，很精美。这是她在瑞士旅游的时候看到的一个新的瑞士手表品牌，在做工方面已经超过了一些老的品牌，而且它的价格相对便宜，当然也是 1 万元起步。她很喜欢，所以就拿下了国内的总代理，然后不知道该怎么销售，希望我能帮她设计一个方案。

我拿了一张纸，用笔在上面写了几个字，告诉她说，我给你这几个要素，你自己评估一下你这个产品具备其中哪几个。

　　说到这儿你肯定就知道了，我给她的就是上面的五个要素，高频、痛点、刚需、市场大、竞争小，你可以帮她评估一下，这款手表具备其中几个要素呢？她评完之后就有点沮丧，说我发现好像一个要素都不具备。后来我就告诉她一句话，我说你现在要考虑的不是要怎样销售的问题，而是你该不该继续做这个产品的问题。

　　下面重点介绍一下五个要素中的一个：高频。

　　相比痛点、刚需，频次是特别重要但特别容易被大家忽略的一个要素，也是很多问题的根源所在。

　　基于频次和价格，我们把产品做了一个四象限的分类，频次分为高频和低频，价格分为高价和低价，基于此把产品分成四个类型：高频高价、高频低价、低频高价、低频低价，如下图所示。

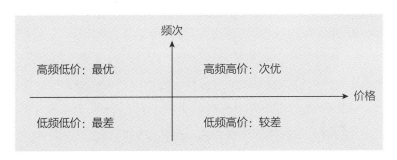

哪种类型最好呢？

　　前面我们说了，产品从唯一变成第一，产品是我们链接用户的一个纽带和工具，链接的人越多，价值越大。如果太低频，就无法帮我们更紧密地链接用户，如果太高价，就无法帮我们链接更多的用户，就无法升维到社群运营二层楼以及平台化发展三层楼。所以从这个角度来看，最优的是高频低价，这样的产品可以帮我们持续地链接更多的用户。你可能会说，高频高价岂不是更好？通常来讲高价就意味着市场会比较小，所能链接的人会比较少，所以比较下来，高频高价是次优。

　　低频低价就不用说了，一辈子买一次，一次花一元钱，这明显是最差的，基本没有什么商业价值可言。低频高价是较差。

　　你可以把自己的产品做一下分类，看你的产品会落在第几象限。有的朋友分类后会发现，自己的产品就是一个纯粹的低频高价的产品，其实这样的产品是很多的。比如家居产品，买个橱柜放到家里，除非换房子，否则基本上短时间内是不会再买的。包括电视机、冰箱、空调等，都是几千元甚至上万元钱的价格，但是非常低频的产品，这样的产品该怎么办呢？

> 低频高频化，高价低价化。
> 用高频带动低频，把高价分割成低价。

没关系，还有救。具体怎么做呢？就是通过产品重构、增值服务和福利设计来提高频率、降低价格，这是一个特别重要的手段。当你学会了这个手段，也就意味着你知道如何升维你的产品，如何把你的产品从一个普通的产品变成一个次优或最优的产品。

例如，从 1995 年到现在，《销售与市场》杂志社（以下简称杂志社）已经做了 25 年，被称为中国营销第一刊，中国营销人的黄埔军校。它的盈利模式和其他纸质媒体类似，主要是靠媒体广告、活动冠名、企业赞助等。

这种就是我们刚才说的典型的高价低频的产品，而且现在大家也知道，传统纸媒受互联网、自媒体的冲击很大。怎么办呢？

作为杂志社的顾问，我平时和他们的交流比较多。我给他们出了一个主意，即高频低频化，高价低价化。怎么做呢？他们做了20多年，积累了这么多的企业家资源和忠实读者资源，是不是可以基于他们的需求设计一个产品，给他们提供更好的服务呢？这样杂志社也能获得新的收益。

通过多次沟通，我们共同设计了一个新的VIP会员制，VIP会员的收费是每年998元，产品是由杂志社筛选出来的四位专家为会员提供的课程和指导，同时还有杂志社提供的渠道对接、行业大会、资源对接等服务。四位专家要经过精挑细选，必须是实干型的，还要能讲，课程也要足够吸引人。很荣幸，我也成了其中之一。

四位专家的课程和指导分为三个阶段，叫营销三段论，每个阶段四个月，每完成一个阶段的学习和考试，就可以获得杂志社颁发的相应证书。

杂志社通过会员制这种方式，实际上就是通过一个新的产品设计，实现了高价低价化。

**如何提频呢？**

频次太重要了，我们一定要想方设法提频。有几种常用方法。

**第一个：把大产品分割成小产品。**

产品很大，价格很高，可以分割成价格低的小产品。比如说买车，需要几十万元，是典型的高价低频。租车，一天几百元钱。还贵？没关系，从日租变为小时租，按小时来收费，这就是典型的把大产品分割成小产品。

**第二个：在大产品前端加上小产品。**

小米是典型的例子。从手机开始，但小米没有止步于手机，从2014年开始小米在智能硬件领域进行了布局，基于小米本身以及小米投资孵化的上下游产业链企业，推出了各种产品，包括小米电视（盒子）、小米路由器、小米手环、小米空气净化器、智能插座、滑板车等。

我们有个会员是做家居产品的，其产品是典型的高价低频，怎么办呢？怎样能吸引更多的目标用户呢？她就想，我的目标用户大部分是家庭的女主人，她们都喜欢花，于是就做了鲜花团购，每天一次鲜花团购，9.9元就可以获得一束特别漂亮的鲜花，从云南空运过来，当天团购第二天到货。参与团购后，要想拿到这束鲜花，请到门店来取。在家居大产品前面加上了鲜花这样的小产品，进行引流，再做后续的转化。

**第三个：产品加服务。**

基于产品提供增值服务。比如说买车，同样非常低频，买了一辆车后，可能几年之后才会买新的车，怎样提频呢？买车送你保险，第二年给优惠，吸引你续费，通过提供保险服务的方式来提频。再比如买沙发，你买了沙发之后，还给你提供上门清洗服务，前期免费，后期收费，实现提频的目的。

**第四个：产品加社群。**

比如前面所讲的《销售与市场》杂志社，本来卖广告可获得几万元到几十万元，现在加上了一个几百元钱的 VIP 会员，通过社群运营的方式输出课程和指导服务，实际就是在产品前面加上了社群。

以上就是四种提频的方式。当然你可能会发现，有时候虽然提频了，但是并不一定会让用户产生高频的购买。

高频可以分为三种。

第一种叫高频购买。这个是我们通常的认知，也是大家都喜欢的。

第二种叫高频使用。比如说电冰箱，明显不是高频购买，但是你每天都在用，这是一个高频使用。包括我们之前提到的王的衣架，你不会一直重复购买，但你每天都在用它来挂衣服，这同样是一个高频使用。每次用它的时候你就会想到这个品牌，甚至想到品牌的创业故事，想到创始人的情怀，当下次有需要的时候，你可能还会买这个品牌的产品。高频使用潜移默化地影响了你的购买决策，所以也是非常重要的。

第三种叫高频互动。比如说《销售与市场》杂志社做了 VIP 会员，买会员可能比以前买广告高频了一些，不过从购买角度看，还不是特别高频，但是在互动上很高频。用社群的方式把大家聚合到一起，每天有内容输出，有话题互动，每周有老师分享，有作业指导，从而形成了高频互动。基于高频互动，会产生很多新的商业机会。

所以，大家不要片面地去追求高频的购买，**通过社群实现高频互动是最有效的提频方式**，它超越了产品的维度，直接进入了人的维度，更有利于建立和用户之间的链接。通过这种方式所产生的后续的商业价值一定会更大，后续的购买一定会更多，而且不仅可以让用户购买某一款产品，还可以基于用户的需求，用不同的产品来满足不同的需求点。

以上说的是超级产品的第一个基因：爆品基因。

### 5.1.2　社群基因

产品必须具备社群基因。

有三类项目天然具有社群基因。

**第一类是白酒项目。**

我经常参加一些白酒社群的活动，活动中通常安排一些具有仪式感的流程，比如在喝酒之前打开酒瓶，然后放上分酒器，往分酒器里倒酒，不是普通的倒满为止，酒线不能断，看谁拉得长，这就是拉酒线。刚开始你可能坐在椅子上，为了让酒线拉得更长，拉着拉着会站起来，接着站在椅子上，站在桌子上，很自然地就会引发围观，大家纷纷拍照，转发朋友圈，从而引起扩散和传播。中国的白酒有几千年的历史了，有很多关于白酒的名人和故事，各地还有各种风俗习惯等。

**有内容、有场景、易互动，这就是我们所说的社群基因。**

**第二类是教育培训项目。**

教育培训项目本身就是以内容为核心的项目，加上线上线下的互动教学，完全具备社群基因。

**第三类是大健康项目。**

大健康项目可以针对某类用户提供解决方案，包括产品、服务等。俗话说同病相怜，同类用户比如糖尿病患者、高血压患者，通过社群聚合到一起，自然会产生很多内容和互动。

基于上面所说的爆品基因和社群基因，我们做了一个评估表，叫众生活项目评估表。评估项目的品质以及决定要不要合作的时候，我们会基于这个表格中的要素来分析。

众生活项目评估表

| 维度 | 要素 | 关键点 |
|---|---|---|
| 品牌力 | 有知名度 | 国民品牌（华为、小米、联想、格力、海尔、茅台、同仁堂……） |
| | 有正面知名度 | 正能量，强IP，高势能 |
| | 可以穿透几度人脉 | 天然信任，自动口碑，无须自证 |
| 产品力 | 爆品基因 | 高频 |
| | | 痛点 |
| | | 刚需 |
| | | 市场大 |
| | | 竞争小 |
| | 社群基因 | 有内容 |
| | | 有场景 |
| | | 易互动 |
| 团队力 | 想做 | 有兴趣 |
| | 能做 | 有能力有资源有团队 |

这个表格分为三个维度：品牌力、产品力和团队力，每个维度下有不同的要素。基于这个表格，我们还做了一个更细化的打分表，其中有十几项要素。使用这个表为你的项目和产品打分，打完分之后，你应该就能对你的产品的竞争力有了总体的评估，同时找出你的产品所具备的优势，以及存在的问题，然后针对这些问题制定你的改进措施，从而让你的产品具备越来越多的爆品基因。

这个打分表就像一面镜子，它可以让你清晰地看到自身产品的优点和不足，并及时改进，以避免在错误的道路上狂奔，浪费大量的时间和精力。

想要这个细化的项目打分表吗？

没问题，马上扫码联系我的助理，即可获得这个打分表。

同时，我有一个小小的要求，请你抽出 1 分钟时间，填下这个非常简单的表单：**社群状态信息表**。我希望能了解你在社群方面的情况，便于后续更好地交流。所有信息会妥善保管，敬请放心。

## 5.2　如何打造超级产品

如前面章节所说，在今天这个时代，普通的产品已经很难切入市场，很难进入用户的心智了。我们必须要打造超级产品，超级产品需要具备两个基因，第一个叫作爆品基因，第二个叫作社群基因。

**爆品基因有五个要素：高频、痛点、刚需、市场大、竞争小。**

**社群基因有三个要素：有内容、有场景、易互动。**

那么，如何打造超级产品呢？

有两个步骤，第一个叫找核心，第二个叫定爆点。

### 5.2.1　找核心

有三个核心，第一是核心用户，第二是核心需求，第三是核心产品。和企业交流的时候，我发现很多企业都喜欢把产品功能做得很齐全，这种产品称为"通吃型产品"。"通吃型产品"就是典型的看起来好像谁都可以用，实际上对谁都没用的产品，哪怕它可能真有用，但是你一说"包治百病"，就没有人相信了。

### 5.2.1.1　核心用户

首先我们要明确核心用户到底是哪些人。这就像射击一样，把枪和子弹都准备好了，然后去打靶，必须要有一个靶子，才有明确的目标，如果没有明确核心用户，就相当于是没有靶子。没有靶子，你往哪里打都是错误的。

那么如何寻找核心用户呢？

**1. 根据底层需求锁定用户**

比如你想做3~6岁儿童在线英语培训项目，很明显，用户就是3~6岁孩子的父母，以妈妈为主，同时并不是所有妈妈都是核心用户，而是那些对孩子的教育很上心、希望孩子从小就能打好英语基础的妈妈。

比如你想做大健康项目，通过产品做身体调理、提高健康指数，那么原则上来讲，所有人都是你的目标用户，因为所有人都希望自己健康。但是这个范围太宽泛了，而且所有人口头上都说健康很重要，但是很多人都没有为健康采取任何的动作，那么这类人并不是你的核心用户。需要进一步细化到核心用户，就是对健康尤其重视、愿意花时间花钱并已经采取行动、让自己更健康的那类人。

**2. 根据数据分析做用户画像**

根据底层需求锁定用户后，还是会比较模糊，需要进一步把用户具象化，有效的办法就是做用户画像。

你要去分析用户的性别、年龄、居住的城市、消费水平、购物习惯等，从不同的维度来对用户进行划分，最终找到核心用户的典型特征，这就是用户画像。比如说生活在三四线城市、刚生了孩子、孩子年龄为0~3岁的宝妈是你的目标群体，这样的话用户的画像就非常清晰了。

如何做出用户画像呢？借助数据，通过百度指数、微信指数、搜狗指数等，搜索行业关键词，综合它们的结果，结合自己的行业经验，即可做出相对有效的用户画像。

比如前面说的儿童在线英语培训项目，我们先在百度指数中进行搜索，结合搜索结果，可以给出参考的用户画像，如下。

（1）按照省份分布。

广东、浙江、江苏排名前三，说明这些地区的父母对儿童英语培训的需求更大。

省份　区域　城市

| 1.广东 |
| 2.浙江 |
| 3.江苏 |
| 4.安徽 |
| 5.河北 |
| 6.山东 |
| 7.河南 |
| 8.江西 |
| 9.四川 |
| 10.湖北 |

（2）按照城市分布。

深圳遥遥领先，是儿童英语培训机构务必要重视的城市，其次是杭州、北京、广州等。

省份　区域　城市

| 1.深圳 |
| 2.杭州 |
| 3.北京 |
| 4.广州 |
| 5.苏州 |
| 6.成都 |
| 7.湖州 |
| 8.无锡 |
| 9.沧州 |
| 10.重庆 |

（3）按照年龄分布。

很明显，30～39岁的人占了77.05%，平均年龄34岁。

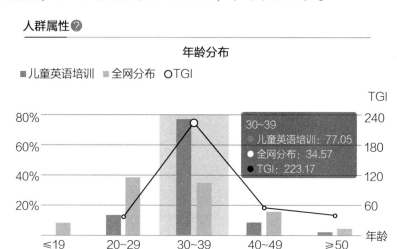

（4）按照性别分布。

女性比男性略高，但差别不大。

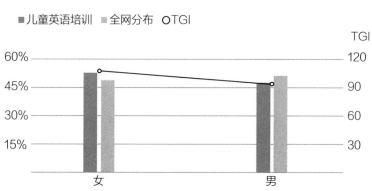

综上，用户画像应该是：以华南地区为主的、年龄为30～39岁、平均年龄为34岁的父母。如果结合其他数据，画像还可以更加清晰。

如果用户画像不清晰，你后面所有的营销动作，包括海报制作、话术、文案、视频，花费精力做出来之后，可能都白做了，因为你都不知道到底要给谁看，不知道怎样能够触动他们的内心。所以找准核心用户非常关键。

### 5.2.1.2    核心需求

找到核心用户还不够。我们每个人每天实际上是穿梭在不同的场景中的，包括工作场景、家庭场景、聚会场景、购物场景等，在不同的场景中有不同的需求和痛点，你到底要满足的是什么场景下的什么需求，解决的是什么场景下的什么痛点，这就是核心需求，它就相当于靶心。

举例来说，你的核心用户是 0 ~ 3 岁孩子的宝妈，但是她也有各种各样的需求。比如产后身体发胖，需要瘦身，这是不是一个需求？同一类人的需求是很多的，你不可能全部满足，你需要对用户的需求进行排序，然后基于自身的能力范围、资源和专业技术，确定你到底瞄准哪一个，这个就是核心需求。

### 5.2.1.3    核心产品

确定了核心用户，瞄准了核心需求，接下来要做什么就很清楚了，对症下药，提供能满足核心用户核心需求的产品（或服务）就行了。也就是，根据核心用户的核心需求来打造我们的核心产品。

> 核心产品就是我们上阵杀敌的武器，是我们的子弹和尖刀，一定要足够锋利，钝刀子割肉，肉难受，刀子也难受。

如何才能让武器锋利呢？两个要点：**取个好名字，做个好产品**。

**1. 取个好名字**

一个好名字抵得上千军万马。什么样的名字才算是好名字呢？有用、"有毒"。有用就是一看就知道什么意思，不用解释，即自解释。"有毒"就是一看就能记住，并能诱发自动口碑传播，即自传播。不仅适用于产品名字，也适用于品牌名、个人 IP。大家去评估一下我们耳熟能详的一些品牌名字和产品名字，包括你自己的品牌和产品，你会发现在有用和"有毒"方面，表现不同，带来的结果就完全不一样。

一个好名字的判断标准是：有用、"有毒"。

有用就是可以自解释，"有毒"就是可以自传播。

以我自己为例，以前我给自己贴了个标签，叫作"社群筑路人"，因为众生活在做的事情就是打造社群高速公路，带着我们各位社群成员，一起来修不同段的高速公路，然后链接到一起，所以我说我就是个筑路人，只不过修筑的是社群高速公路，所以取名叫"社群筑路人"。

后来大家在头脑风暴的时候，就觉得这个名字有用，一看知道是什么意思，但是没有"毒"，不容易被人记住，难以引发传播。后来经过多次碰撞激发，最后大家总结出了个新标签叫"开路袁帅"。大家比较下，这两个名字明显就不一样了，"社群筑路人"很有用，但是没有"毒"，"开路袁帅"也有用，但有用性不如"社群筑路人"，但是它的"毒"性要强很多。在有用和"有毒"之间，如果非要选一个更重要的话，那就是"有毒"。首先"有毒"，让别人记住你，然后你的有用才能真正有用。

再举个例子，有一个外卖品牌名字叫"叫个鸭子"，做的是鸭肉外卖，主要针对白领，中午要吃饭了，吃什么呢？看了一遍，附近的餐厅都吃遍了，没有什么意思，想吃一个不同的，"叫个鸭子"吧。你想想这个场景感多么强烈。包括我们耳熟能详的一些名字，比如辣妈帮、老干妈、周黑鸭、谭木匠等，都很棒，一个好名字可以帮你节省大量的广告费。

### 2. 做个好产品

好产品一定要超出用户预期，而不仅仅是满足用户需求。那怎样做才能超出用户预期？

从两个方面入手，一个是外观，一个是功能。也就是说，你的产品要么有一个特别独特的、与众不同的外观，要么有一个一根针捅破天的核心功能。

产品外观能给用户留下第一印象，从外观入手通常更容易见效。对比一下下面几个产品的外观，从通用外观到独特外观，有时就是一个小小的外观上的突破，就能打爆一款产品甚至打造一个品牌。

举例来说，纸箱是大家司空见惯的一个产品，下面这个纸箱看起来和普通纸箱没有什么太大的区别，但是再看这个手势，就像在拉一个拉链一样，一拉纸箱就打开了。

你可以想象一下这个场景，每年"双11"或者"618"，大家都会买东西，在京东、天猫上买了一大堆商品，过几天一个个的包裹就发到你家里了，包得都是严严实实的，你蹲下来，拿着剪刀一个个地划、剪、戳，又费劲又不雅观。如果换成这样的纸箱，一拉拉链就打开一个，再一拉打开第二个，

是不是就会觉得很方便，这叫一撕得拉链纸箱。实际上就是在传统纸箱的基础上做了一个小小的功能上的改进。

再看一个案例，这是一个手机品牌，被称为"非洲之王"，在非洲市场占有率第一，全球市场占有率第四，不知道你有没有听说过这个品牌，你可以先猜一下。

不是华为，不是小米，不是OPPO，不是三星，是传音手机。传音手机所属的深圳市传音科技有限公司（以下简称"传音公司"）是深圳的一家手机制造公司，是创始人竺兆江从老牌手机厂商波导出走后创建的。他发现当时国内手机市场竞争日益激烈，于是将目光瞄准了人口仅次于中国和印度的非洲市场。庞大的人口，空缺的市场，让非洲拥有巨大的发展潜力。

通过努力，传音手机迅速占领了非洲市场。传音手机有一点做得特别好，叫作无限接近消费者。当时三星和诺基亚均采取全球统一的品牌战略，因此没有切合到非洲用户的实际需求，而传音公司则抓住了这一点，研发的手机更加适合非洲当地用户。实际上他们可能没有提到社群这个词，但是我认为他们的社群思维是非常到位的。

传音手机有几个显著的标签。

**超大铃声**。鉴于当地人喜欢音乐和舞蹈，传音公司就研发出一款大喇叭手机。

**多卡多待**。非洲用户普遍有多张大卡，因此传音公司就推出双卡双待手机，后来甚至推出了四卡四待手机，而当时的三星和诺基亚还仅支持单卡。

**解决拍照困扰**。经过调研，传音公司发现当地人非常喜欢自拍，但当地人皮肤颜色较深，标准化的手机难以准确识别面部，从而影响自拍效果。于是传音公司针对这一问题进行了深入研究，在曝光度、光圈等各方面做了一些特殊的设计，开发出了适用于黑皮肤的美颜相机，收到了非常好的拍摄效果，解决了非洲用户的拍照困扰。

以上是第一步：找核心。找到核心用户的核心需求，做出我们的核心产品，从底层需求来切分用户，从需求最强烈的人群开始，产品就是你的子弹和刀子，如果你的子弹和刀子不够锋利不够尖锐，那就是钝刀子割肉，刀子难受，肉也难受。一个好名字能抵得上千军万马，好名字的标准是有用、"有毒"。

## 5.2.2　定爆点

接下来我们看第二步，定爆点。

定爆点分为三部分内容：什么是爆点，如何打造爆点，如何表达爆点。

### 5.2.2.1　什么是爆点

所谓爆点，就是产品的王牌卖点，一根针捅破天的那样一根针。

提到王老吉，大家会想起一句话：怕上火喝王老吉。提到脑白金，大家会想起一句话：今年过节不收礼，收礼只收脑白金。提到瓜子二手车，大家会想到另外一句话：没有中间商赚差价。这些是什么呢？实际上就是它们提炼出来的爆点。

对于一个产品来讲，爆点是非常关键的。现在产品的竞争就是一片红海，普通产品很难切入用户的心智，很难被用户所记住，你要想被用户记住，就需要有个东西像一根针一样，特别尖锐特别锋利，能够切入用户的心智中去，这就是爆点。

### 5.2.2.2　如何打造爆点

有两个常用且有效的方法。

**第一个是用好"第一"。**

人们总是容易记住第一，而不容易记住后面的，比如我问你：中国获得第一块奥运金牌的运动员是谁？你可能会回答：许海峰。那么，第二个是谁？第三个是谁？你知道吗？再问你：第一个登上月球的是谁？你可能会知道是阿姆斯特朗，接着问：第二个是谁？第三个是谁？你可能就不知道了，没关系，大多数人和你一样。第一容易给人留下非常深刻的印象，容易被人记住，所以用第一来打造爆点是特别有效的方式。

当然，广告法中不允许用"第一"这样的字眼，所以如何塑造并宣传"第一"，需要一定的变通，比如红星和牛栏山，都在争二锅头第一的位置，从广告语上就可见一斑。牛栏山的广告语是：二锅头三百年，源自牛栏山里面，红星的口号是：二锅头品类始创者，都是在"第一"上做文章。

**第二个是用好"唯一"。**

如果做不了第一，就争取成为唯一。比如刚才所讲的"今年过节不收礼，收礼只收脑白金"，就是一种唯一的塑造。

### 5.2.2.3　如何表达爆点

基于以上内容打造出产品的一个爆点之后，下面就要通过各种方式来充分地表达你的爆点，让爆点真正地切入用户的心智中去。

怎样来表达你的爆点呢？有五种方式，我们称为"五个一工程"。

**第一个"一"是"一句话"。**

就像刚才说的"怕上火喝王老吉"。你的品牌也要有这么一句话，这句话需要具备三个要素，这样才容易被记住，这三个要素叫作意外、具体、画面感。

意外更有冲击力。一个顺理成章的东西，人们不容易记住，比如狗咬人，但是如果反过来人咬狗，这就成了一个意外的事件，就容易被人记住。具体，意思是最好有数字来说明。画面感，指的是当别人看到这句话时，有代入感，容易勾起他对某个场景的想象。

举两个例子，第一个叫作"一呼医生"，它的一句话爆点是：一分钟挂上专家号。大家也知道，在北京、上海、广州这样的大城市，想去三甲医院挂号，特别是挂专家号，是比较难的，一呼医生专门解决这个问题，一分钟挂上专家号，是不是很意外？你觉得不可能的事，人家一分钟就能实现，是不是很具体？一分钟就能拿到专家号是不是很有画面感？

再看第二个案例，这个也特别经典，OPPO 手机当时做了一个广告：充电5分钟，通话2小时。是不是意外？通常我们给手机充电要花一两个小时，现在充电5分钟就可以，是不是很具体？有明确的数字，5分钟，2小时，看到这句话时，画面感也油然而生，非常经典。

再说我们众生活，我们的口号是：链接一万人，一起众生活。在意外方面不是特别强，是不是很具体？一万人。是不是很有画面感？一起众生活。

所以，请审视一下，你的品牌、你的产品有没有提炼出这样一句话出来？这句话就是一把尖刀，非常关键。

**第二个"一"是"一个故事"。**

人们不喜欢听一本正经的讲述，但人们喜欢听故事，故事非常容易撬开人们的心扉。

除了一句话之外，你还要基于品牌来打造一个品牌故事。当然，讲故事不是编故事，编造的东西站不住脚，要去挖掘产品和品牌背后的一些实实在在的东西，然后把它提炼和升华为一个故事。

这个故事如何才能够打动人呢？它要有能打动人的情节，要能够激发受众的情绪。

**第三个"一"是"一篇文章"。**

故事的作用是促进广泛传播，文章的作用是简单直接地促进转化。

怎样来写这篇文章呢？你可以把它理解为产品的详情页描述。

一般来说，在淘宝、天猫、拼多多等电商平台，每个产品都有一个详情页，详情页里面写什么呢？

详情页的架构可以分成三个部分。

第一部分是揭示痛点。比如说我们的会员福匠做的项目叫空中美容院，空中美容院做的事情，就是帮助广大创业女性忙中变美。创业女性都特别忙，一般没时间去美容院，空中美容院就是帮她们解决这个问题，做她们身边的专业美容专家，帮助她们花很少的时间、很少的钱在家里变美。

所以文章的第一部分，就是阐述创业女性的痛点，从而引发共鸣。作为一个创业女性，背负着巨大的压力，为了自己的企业能够做得更好，每天起早贪黑，但是却忽略了对自己的照顾，导致身材走样，脸上长斑。她们想解决这些问题，但是又没有那么多时间去美容院。她们可能会买各种化妆品，但是买了之后她们会发现，并不知道如何才能够充分发挥化妆品的价值。她们可能会想到做整形，但是又担心会有后遗症。到底怎样才能让自己在忙中变得更美呢？这就是在揭示痛点。

第二部分是解决方案。以前总是找不到好的解决方案，现在有空中美容院专门帮她们解决这个问题。作为创业女性身边的美容专家，她们只要在家里用美容院1/10的价格，1/10的时间，就可以获得比美容院还要好的美容效果。具体的做法是什么呢？列出1、2、3、4、5等，解决方案就出来了。

第三部分是案例展示。你的解决方案看起来很好，但是别人为什么要相信你呢？接下来就是案例展示，以文字、图片、视频的方式，通过实实在在的案例来介绍客户前后的真实变化。

**第四个"一"是"一段视频"。**

视频的冲击力比文字更大，尤其目前抖音、快手、微信视频号等短视频平台非常火爆，流量超大，如果能做出好玩、有趣、有价值的短视频，就有可能带来巨大的流量。前几年有一个关于重庆红崖洞的视频，在抖音上一下子就火了，很多人因为看了这个视频，把洪崖洞作为了自己的旅游必去打卡地。这就是一段视频的巨大威力。

**第五个"一"是"一场发布会"。**

发布会的最大价值就是造势，从而树立你的行业地位。可以是自己专门组织的线下发布会，也可以是参加别人的大会。如果是后者，你一定要争取能够上台发言的机会，争取一切能够表达自己产品爆点的机会。

以上就是如何表达爆点的"五个一工程"：一句话、一个故事、一篇文章、一段视频、一场发布会。请你审视和自检你的产品，有没有这五个"一"呢？当然并不是说你一下子要把五个"一"全做好，可以循序渐进、一步一步地迭代。

还有一个关键点：重复。一句话定了之后，在所有合适的场合，你都要把这句话表达出来。比如我们众生活的一句话是：链接一万人，一起众生活。那么在我们的文章和视频中会出现这句话，在组织线下活动的时候大家也会一起喊这一句话。这样就能通过不断的重复来加深自己的印象以及别人对这句话的印象。

我们来总结一下，想做爆品要先有爆点，无爆点不营销，爆点就是你的王牌卖点，就是打开用户心门的钥匙。爆点的一句话，需要具备三个要素，叫作意外、具体、画面感，要通过不断的重复来强化记忆点，直到形成条件反射，让别人想到这一句话，想起你这个品牌，基本上就实现了卡位的目的。

本章介绍了超级产品的两个基因：爆品基因，社群基因；打造超级产品的两个步骤：找核心，定爆点。

有了超级产品，我们就有了锋利的武器，但是还不够，我们还需要掌握绝招，才能把武器的作用发挥到极致，绝招是什么呢？

我们将在第 6 章中介绍直播社群新零售落地之如何设计超级模式。

## 本章要点

- 企业存在的唯一价值是解决社会的问题，产品存在的唯一价值是满足用户的需求。

- 产品是我们上场杀敌的武器，必须足够锋利。钝刀子割肉，肉难受，刀子也难受。

- 超级产品的两个基因：爆品基因，社群基因；打造超级产品的两个步骤：找核心，定爆点。

- 爆品基因五个要素：高频、痛点、刚需、市场大、竞争小。
- 社群基因三个要素：有内容、有场景、易互动。
- 低频高频化，高价低价化。
- 用高频带动低频，把高价分割成低价。
- 通过社群实现高频互动是最有效的提频方式。
- 一个好名字抵得上千军万马，好名字的标准是有用、"有毒"。有用就是可以自解释，"有毒"就是可以自传播。
- 想做爆品要先有爆点，无爆点不营销。
- 爆点就是你的王牌卖点，就是打开用户心门的钥匙。

# 第6章
# 直播社群新零售落地之
# 如何设计超级模式

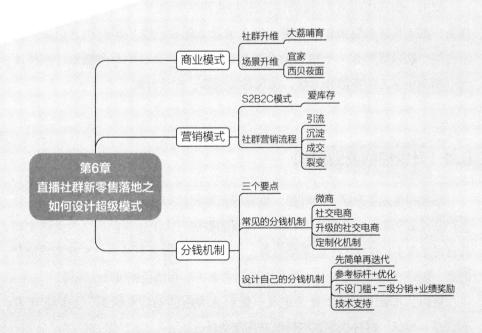

超级产品打造出来了，我们就有了锋利的武器，那么，有了锋利的武器是不是就成了武林高手，能够称霸天下呢？当然不是。哪怕手握倚天剑、屠龙刀，但如果你不会绝招，那就无法发挥它们的威力，你就还是一个普通人而已。在直播社群新零售体系中，这个绝招就是超级模式，包括商业模式、营销模式、分钱机制。

商业模式解释起来会有很多种不同的说法，我们尽量简单一些，这里说的商业模式，主要讲的就是人、货、场这三个要素如何更好地搭配和组合。

营销模式指的是如何引流、如何裂变、如何成交，以及营销流程和方法。

S2B2C 模式中强调的分钱机制是找到更多的 B 端节点，和他们达成合作。那么，别人为什么要跟你合作呢？别人为什么愿意把他手里的用户资源贡献给你呢？这就需要有一个很好的合作机制，这个机制必须是多赢的，这样才能够驱动更多人的资源和力量，实现各尽所能，按劳分配。

## 6.1  升维你的商业模式

在和很多企业家聊天的时候，他们的思维和认知还是停留在产品层面，认为产品就是全部，只要把产品做好了，就能够包打天下。实际上在今天这个时代已经完全不是这样了，企业单纯有一个好产品是远远不够的，还要考虑清楚的是，你的产品到底要在什么场景下卖给什么人，帮他们解决什么问题。

所以，不管专家给出什么定义，我们认为所谓的商业模式，总结起来其实就是一句话：**在什么场景把什么产品卖给什么人。**

这句话里面包含了三个要素：人、货、场。而且，这三个要素是有顺序关系的。如果我现在问你，按照重要程度进行排序的话，你觉得哪一个最重要呢？你的排序是什么样的呢？

我们给的排序是这样的：第一个是人，你首先要考虑清楚目标用户是谁，就是上一章中我们说的核心用户。第二个是场，就是场景。你找到了核心用户，你要解决的是他们在什么场景下的问题，是吃饭的场景、睡觉的场景、工作的场景、养孩子的场景还是社交的场景？第三个才是货，即产品，所以人、货、场是有先后顺序的。产品只是其中的一个要素而已，而且是排在最后面的那个要素。

为什么今天我们特别强调人和场景的重要性呢？因为在从工业化时代进化到信息化时代的过程中，商业的底层逻辑发生了巨大的变化。

来看看成交的底层逻辑。工业化时代的成交很简单，有需求就有成交。

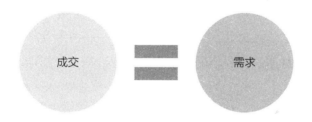

但是进入信息化时代后，你会发现情况完全变了，需求只是成交的一个基本要素而已，产品极大丰富，同质化竞争异常激烈，同样是买冰箱、空调、电视，用户买哪个品牌的，从哪个地方购买，从谁的手里购买，通过线上还是线下，在这个店还是那个店，有无数个选择。背后的决定因素到底是什么呢？不只是需求，还包括信任和情感。

需求只是基础要素，信任和情感才是决定性要素，基于这个成交公式，要想在竞争中占据优势，该怎么做呢？像以前那样，单纯地靠产品的功能、性能和价格去拼市场吗？肯定不行。信任和情感这两个更重要的点、精神层面的点，靠什么来攻克呢？靠经营人。

要从以产品为王，进化为以人为本，以用户为中心，我们不仅要经营产品，更要经营用户，通过社群的方式来经营用户，构建和用户之间的信任关系，这样才能够打通信任和情感这两个点，才能在成交公式中占据优势。

如果方便的话，我想请你把下面这句话读出来，最好重复读几遍。

> 这个时代你的产品可以被模仿，你的店铺和广告可以被模仿，唯有你和用户的关系别人模仿不了。

以上我们从底层逻辑的角度解释了一下商业模式，是希望你明白，在今天，单纯依靠产品的商业模式是行不通的，那只是一维的产品层面的竞争，是完全惨烈的红海竞争，我们必须升维我们的商业模式。

怎样升维呢？除了货外，更要考虑人和场。有两个升维的办法，第一个叫社群升维，为你的项目和产品配上社群这把冲锋枪，把你的产品项目升维为社群项目。第二个叫场景升维，把你的产品项目升维为场景项目。

### 6.1.1　社群升维

举个例子，大荔老师是我们众生活的会员，她在陕西榆林，做的是哺育服务，对于解决新手妈妈的哺育问题非常专业。

有些新生儿的妈妈没什么经验，会遇到各种哺育的问题。或者不出奶，或者胀奶，或者各种各样的不通。大人很痛苦，孩子吃不到奶也会哇哇地哭。大荔老师在这个行业做了 15 年，先后服务了 7000 多个家庭，帮助妈妈们解决了哺育的问题。她先后学了很多东西，加上自己的研究和实践，形成了自己的体系，基本上只要她出手，就能做到手到痛除。

大荔老师的运作方式很简单，比如今天有个新生儿的家庭，妈妈的奶出不来，然后就给她打电话，当然这些都是通过口碑传播、别人介绍的。大荔老师接到电话后，就开着车赶到对方家里，解决了问题之后，又匆匆忙忙赶到下一家。基本上就是这样的模式，以榆林为中心，在周边地区到处奔波。

　　私下交流时，我做了个比喻，我说其实你就是哺育行业的赤脚医生，就像以前那种行医的赤脚医生一样，拎着药箱一会儿到东家，一会儿到西家，每天也跑不了几家，自己非常辛苦，更关键的是，其实市场需求也得不到很好的满足。

　　大荔老师有个初心，她希望自己独创的这种特别有效的方法，能够惠及更多的妈妈们，让更多的宝宝能够顺畅地吃到第一口奶。但是，很显然，现在这种独狼创业的方式，是无法支撑她的初心和梦想的。

　　大荔老师的产品不是有形的，而是一种技术和服务，是无形的。如果从商业模式来讲的话，除了上门服务这样一个产品外，其他什么都没有，人、货、场，三缺二。

　　怎么办呢？两个字：升维，要升维为社群项目。我们团队和大荔老师一起，通过私董会、社群构建和运营方案制定等，最后在产品模式上做了升维，为产品配上了社群，升维到了社群项目。

　　怎么做的呢？大荔老师从业 15 年，服务了 7000 多个家庭，有很好的用户基础，虽然没有后续的运营和维护，但仍可作为一个具备社群基因的项目，所以我们一定要给它插上社群的翅膀，配上社群这把武器。

　　我们把大荔老师的项目在商业模式上做了一个升维，升维后的模式如下图所示。

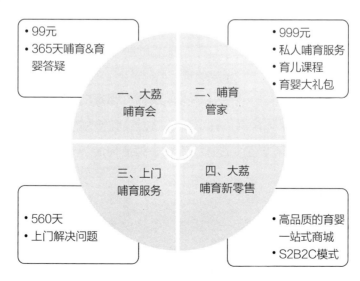

原来只有一个产品：上门服务，现在推出了四个产品。

第一个产品叫作大荔哺育会，是一个社群，只需要支付 99 元，就可以加入社群，获得全年的哺育和育婴指导。这个其实是流量的入口，是用来引流和沉淀用户的，主要作用是把以前的老顾客链接起来

第二个产品叫作哺育管家，价格为 999 元，为妈妈们提供私人哺育服务，以及专业的育儿课程和育婴大礼包，这个相当于是社群的 VIP 服务。

第三个产品是上门哺育服务，这个就是原来的服务，该怎么做还怎么做。当然以后要逐渐把大荔老师从到处奔波上门服务中解脱出来，让大荔老师能够静心培养更多的"小荔"，由"小荔"们承担上门服务的工作。

第四个产品叫大荔哺育新零售。做一个新零售的商城，打造成高品质的孕婴一体化平台，把精心挑选的妈妈和宝宝所需要的产品上架到商城，同时采用 S2B2C 的方式，妈妈们既能通过商城买到自己需要的物美价廉的产品，又能通过分享，获得一份额外的收益。

当然，这四个产品并不是一下子全部启动，而是按节奏一步步来的。以上就是大荔哺育这样一个单纯的产品项目升维到社群项目的过程。

如何升维为社群项目呢？总结为一句话：

挖掘项目的社群基因，打造会员社群并运营好这个社群。

无论你是在做什么项目，做什么产品，你都可以对照一下，看看你是不是也可以用类似的方式将你的项目升维为社群项目。

无论是企业还是个体创业者，都可能会拥有很好的产品或者服务，但是你有没有做社群？如果你没有做社群的基础，没有 C 端流量，那么未来的发展一定很难。要用社群构建你的私域流量，打造你的护城河，这是你的发动机和保护伞。

## 6.1.2　场景升维

今天这个时代只是对用户进行细分已经不够了，因为用户在不同的时间

段会处于各种各样的不同的场景中，所以我们还要挖掘细分用户在具体场景下的需求和痛点，换句话说，产品必须有场景感，这样才有故事、有个性、有温度、容易成为爆品。

通常来说，让人记忆深刻的广告语，一定是场景感强的。

"困了累了喝红牛"，这是不是一个特别场景化的广告？它没有直接告诉你这个产品多么好，但是给了你一个特别鲜活的场景，当你困了或者累了的时候，就选择红牛。还有脑白金，"今年过节不收礼，收礼只收脑白金"，描绘了一个送礼的场景。

再看下面几个广告语。

追逐美味让生活更美。

追时尚美味，品人生百味。

一切为用户着想，一切为用户负责。

每一年每一天我们都在进步。

这些有场景吗？明显没有。对比之下，有场景和没有场景，是不是有明显的不同？

如果我们把一天的时间进行划分，你会发现其实每个人都生活在不同的场景中，扮演着不同的角色。比如说一位宝妈，早上要起来做早餐，在这个场景中她扮演的是一位厨师的角色。做完早餐要送孩子去上学，这时候她扮演的是一位妈妈的角色。送孩子上学后赶到公司上班，这时候她扮演的是一个白领的角色。下午下班之后想约上自己的闺蜜一起去逛逛街，这时候扮演的是一个好闺蜜的角色，同时也是一个顾客。

在不同的时间、不同的场景中，每个人都在扮演着不同的角色。在不同的场景中，会有不同的问题，不同的需求和痛点，所以我们一定要考虑我们的产品到底是针对哪个场景下的哪个需求。

场景不对，努力白费。我们一起来想象一下这样一个场景：有一个宝妈，孩子刚出生3个月，晚上八九点钟她抱着孩子，哼着儿歌，哄孩子睡觉，眼看孩子马上就要睡着了，这时候，突然手机铃声响起来，她赶紧把手机拿起来，然后听见对方很客气地说："您好，我是做瘦身服务的，之前您在我们这里咨询过瘦身的服务，您看现在方便我给您介绍下吗？"

你觉得这通电话打得对吗？从用户细分的角度来看，其实是对的，因为这位宝妈确实有这方面的需求，但是这个场景对吗？完全不对。哄孩子睡觉的宝妈，哪里会有心思接你的电话，跟你聊瘦身的事情啊？她肯定会马上挂掉，而且把手机置为静音或关闭，因为担心吵醒孩子。

只有进入生活，才能了解用户的生活；只有走进场景，才能走进用户的内心；只有走进内心，才能找到用户真正的需求和痛点；找到用户的需求和痛点，正是我们打造产品的第一步，也是至关重要的一步。

在场景方面，宜家就做得很好。去过宜家的人应该都比较清楚，宜家里面实际上就是一个场景的布置，不像一般的商场、超市那种货架式地摆放商品，而是布置了一个个的样板间，包括客厅、卫生间、主卧、客卧、儿童房等，你逛到样板间后，就会不由自主地联想到自己家，看到样板间面积和我家客厅面积差不多，布局也差不多，它的客厅里面是这么摆放的，我们家是那么摆放的，它摆了一把藤椅，看起来很好，我们家客厅角落正好有个空位置，就买这把藤椅吧，于是，你就开始下单购买了。

但是在来宜家之前，你根本就没有想着要买这么一把藤椅，这个就是场景的力量。你看，宜家的购物就是这样，用场景来驱动。

**如何做好产品的场景升维，如何为产品配上场景这把冲锋枪呢？**

以用户体验为核心，走进用户的生活和工作场景，并模拟这些场景，包括购买场景、使用场景、工作场景和生活场景，从场景中发现痛点，寻找机会点，然后去设计产品，对症下药，这就是场景感。

具体做法分为四个步骤。

**第一步：瞄准场景。**

你瞄准了用户的哪个场景，是他的工作场景、生活场景、就餐场景、做饭的场景，还是带宝宝的场景、购物的场景？首先要找准这个场景，其依据就是你的行业、优势和资源。

**第二步**：挖掘痛点。

梳理和挖掘用户在这个场景下的突出的痛点是什么。怎样找到这些痛点呢？① 来自于你的观察。② 来自于你和目标用户的沟通交流。③ 来自于网络搜索，比如百度知道、百度贴吧、搜狗、微信等。④ 来自于大数据，比如百度指数、微信指数等。必须是真正的痛点，用户能明确感知的痛点，用户每天被困扰、晚上因此睡不好觉的痛点。

**第三步**：我能做什么来解决这个痛点。

问自己：我能提供什么样的产品或服务，来对症下药、快速解决用户这个突出的痛点，并调动供应链，通过需求、设计、生产、制造等环节来落地。

**第四步**：如何让用户心甘情愿地购买我的产品或者服务。

用什么样的营销流程，设计什么样的成交主张，让用户购买。

举例，西贝莜面村（以下简称西贝）是国内知名的餐饮连锁品牌，看看它是如何做场景的。

第一步：瞄准场景。

因为它做的是餐饮，所以它瞄准的就是吃饭的场景。

第二步：挖掘痛点。

这个场景中的痛点是什么呢？通过观察，西贝发现以下痛点：孩子不爱吃饭，家长们不会做饭，孩子和家长在一起的亲子时光太少。

第三步：我能做什么来解决这个痛点。

为了解决痛点，西贝设置了"做饭"的两个场景。

第一个是亲子私房菜课程。家长报名、带着孩子来参加，跟着西贝大厨一起来做饭，这次做个蘑菇炒鸡蛋，下次做个西兰花肉片，再下次做个烤牛排。你想想，如果你是家长，有 3 ~ 5 岁的孩子，看到这样的活动是不是会特别喜欢？是不是会积极报名？让孩子锻炼动手能力和交际能力，肯定报名。

第二个是儿童搓莜面比赛。同样是家长给孩子报名，然后给每个孩子发一块莜面，由师傅指导，然后让孩子们来搓，说是一场比赛，实际上就是一个游戏。小朋友们一起来玩儿，比赛的同时拓宽了社交范围，家长们也有了亲子时光。

第四步：如何让用户心甘情愿地购买我的产品或者服务。

当找对了场景、挖掘了痛点、提供了对症下药的解决方案后，成交就是自然而然、水到渠成的事情了。在西贝这个案例里面，大家能够看得很清楚。孩子参加了搓莜面比赛，做了私房菜，会觉得特别高兴，甚至孩子会说："妈妈，我回到家里还想做这个菜。"那么，妈妈是不是要购买专用的厨具甚至食材？这样自然而然地就会引发家长的购买。

> 配上社群这把冲锋枪，把你的项目从产品项目升维为社群项目。
>
> 配上场景这把冲锋枪，找到核心场景中的核心需求并提供解决方案。

以上所讲的就是超级模式中的商业模式。核心的两个字叫作：升维。商业模式的升维有两个，第一个叫作社群升维，第二个叫作场景升维。

单纯的产品的竞争是红海竞争，你很难能够脱颖而出。配上社群和场景，相当于你从陆军升维到了海军和空军，从高维攻击低维，就会立于不败之地。请你记住下面这两句话。

> 不分什么线上和线下，只有场景。
>
> 找到场景，霸占场景；没有场景，创造场景。

## 6.2　杀伤力十足的营销模式

上一节我们介绍了超级模式中的商业模式，接下来我们来谈营销模式。

### 6.2.1　S2B2C 模式及案例

在前面的章节中，我们将社群新零售模式分为三个层次，打造三个体，第一个层次叫产品销售，采用的模式叫作 S2B2C。S2B2C 的核心就是找到手里面掌握着我们用户资源的 B 端节点，和他们达成合作，通过他们把我们的产品信息传达给终端用户，借助于他们和终端用户之间的信任关系来提升转化率，促进购买，这就是 S2B2C 模式的价值所在。

它背后的原理是：你要找的用户，一定是已经掌握在某些人的手里了，所以你要做的不是从零开始去开拓这些用户，因为成本太高，难度太大，周期太长，而是要找到掌握你想要的用户的这些节点，和他们达成合作。

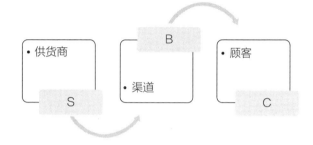

在今天的市场环境下，特别是对于广大的中小微企业来说，一定要充分地理解和使用 S2B2C 这种方式，为什么呢？其实很简单，因为现在的获客成本太高了，而且获客效果越来越差。S2B2C 模式是可以为我们降低成本、提升效率的，是一个经过验证的、行之有效的营销模式。

线上的网红、团队长、社交电商、主播、大 V，以及线下的商协会、俱乐部、老乡会、同学会、实体店的店主等，都是我们所说的 B 端节点。

> 必须先自己做 C 端市场的标杆，提炼出可复制的模式，再赋能 B 端，最终服务好 C 端用户。

虽然 S2B2C 是有效的模式，但是并不意味着你不需要做 C 端市场就可以直接招商了。

**凡是不能赋能 B 端的新零售平台都是无法持续的。** 我们看到过各种各样的平台，前期以大礼包和各种各样的优惠来吸引大家加入，成为 B 端节点，然后就鼓动大家不停地发朋友圈，希望能够快速卖货，但是没有为 B 端赋能的动作。这种模式，其实就是借用 B 端的社交关系，割一波韭菜，割完之后就无法持续了。这类平台的生命周期一般为 6～12 个月，后期割不动了，就把这个平台关掉，改头换面，启动新的平台继续收割。

很多人都采取这样的做法。如果你要持续发展，就不仅要让 B 端能够快速地赚到钱，而且要让其能够持续地赚钱，怎么持续赚钱呢？要帮 B 端提升赚钱的能力，靠什么？就是靠赋能。所以说能否有效地赋能 B 端才是一个平台能否持续的关键所在，这也是我们判断一个平台能否健康发展的关键要素。

看到五花八门的平台，有时候你可能不知道要怎样选择，其实很简单，你就看这个平台有没有一个完善的赋能体系，有没有通过一些培训和活动为 B 端节点赋能，让这些 B 端节点不仅能赚钱，而且还提升了赚钱能力。如果有的话，则说明它是能持续发展的。

如何赋能 B 端呢？如果你自己和团队根本没有成功的经验，没有一套标准的、可复制的流程和方法，显然是不可能的。所以，在招募和赋能 B 端之前，一定要先打造一个 C 端市场的标杆，提炼出可复制的模式。

例如，爱库存是一家品牌产品库存清货平台，上游连接品牌商，打通库存数据和资源，下游通过发展代购连接消费者，2017 年 9 月上线，当月即获得钟鼎创投 1 亿元 A 轮融资。目前平台已发展代购超过 10 万人，合作品牌达到 1000 个以上，2018 年 5 月成交总额就已破亿元。2018 年 7 月 2日，爱库存获得了君联资本领投的 5.8 亿元 B 轮融资，这使它成为 2018 年的明星企业。

以下是爱库存的运作模式，作为一个平台，它聚集了很多品牌商，构成了 S 端，整合了很多代购，构成了 B 端，通过 App 实现了信息流和资金流的流转和记录，通过代购把品牌商的优质产品信息传递给代购手里的顾客资源，从而实现产品的销售。

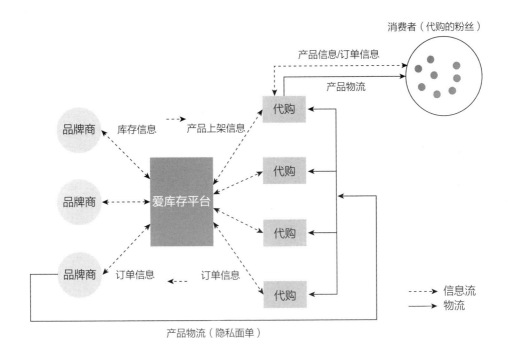

爱库存合作的都是知名大品牌，比如好孩子、欧莱雅、耐克、阿迪达斯等，销售的是这些品牌的库存产品，即一两年之前的产品，并非最新款，产品价格是市场价格的 1/3 到 1/5。比如下面这款 Coach 的单肩包，市场价格4200 元，爱库存售价 1409 元。由于价格优惠，有品牌背书，在代购们的大力推广下，爱库存的产品销售做得风生水起。

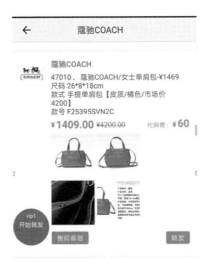

但是，随着业务的发展，一些问题逐渐浮出了水面。有的代购反馈有 A 货或产品破损的情况，有的代购反馈说仓库发货时，面单上有"爱库存"字样，这是代购不愿意看到的，他们并不想自己的用户知道爱库存的存在，以免用户会跳过自己直接去爱库存下单。

有的用户兴高采烈地买了一款名牌产品后，会拿到专柜上去比较，比较后有时会发现，纽扣的颜色好像跟专柜上的不一样，或者拉链跟专柜上的不一样，然后就会反馈到代购那边，说你看我从你这买了一款产品，结果这个产品和专柜的根本就不一样，这是不是 A 货、假货呢？

其实不是假货，因为爱库存的订单都是品牌方直接从自己的仓库发出的，不经过任何中间环节。那为什么和专柜会有差异呢？很简单，因为是库存产品，是去年或前年的产品，和最新款式会有一些差异。

这个很容易理解，但是遗憾的是，品牌方提供产品时并没有告知爱库存的客服，客服不清楚这些细节，代购自然更不清楚了，于是无法解释，出现了很多问题。

更严重的是，用户的问题反馈给代购后，代购无法解答，只好传递给爱库存的客服，客服也不懂，只好传递给品牌方，这样一来二去，一两周的时间就过去了，导致了反馈速度极慢，抱怨很多都堆积到了代购身上，很多代购因此丢了不少订单，怨声载道。

2018 年的时候，爱库存希望解决这个问题，因此找到我们。我和同事到了上海，和爱库存的创始人以及高管一起交流探讨。分析后发现，其实问题就在于，他们的模式虽然从形式上看是 S2B2C，但从本质上来讲并不是，因为它没有实现根据用户需求反向定制，同时没有很好地赋能 B 端。

问题产生的根源实际上很简单，就是因为 S 端和 B 端是完全割裂的，S 端品牌方只负责供货，并没有参与到用户的服务中，也没有赋能代购、帮助代购一起服务好用户。代购本身对品牌和产品不熟悉，只能销售产品，没有能力服务好 C 端用户。S、B、C 三个角色彼此割裂，互相独立。

如何解决呢？在和爱库存交流后，我们提出了以下建议：

（1）每个品牌上架前，做好产品说明和百问百答，发给每个客服学习。

（2）培训客服的基本技能，提高客服响应速度，并和绩效挂钩。

（3）成立代代商学院，为代购们提供培训，包括营销、社群运营、话术等方面的培训，提高代购推广和服务的能力。

（4）筛选业绩好的核心代购，让其总结自身的经验教训，现身说法，分享给更多的代购。

（5）构建代购社群，做好代购社群运营，组织各种活动，建立信任和黏度。

目的就是让 S 端和爱库存一起赋能 B 端，提升 B 端能力，从而更好地服务 C 端用户。

基于爱库存的案例，强调一点，希望你不要被表面现象迷惑，认为 S2B2C 就是微商、社交电商，然后随便找到一些微商团队长帮你卖货，就是 S2B2C 模式，其实完全不是这样的。

找到 B 端节点，通过节点来卖货，这只是第一个层次。第二个层次是赋能这些 B 端节点，让 B 端节点不仅赚钱而且值钱。还有第三个层次，那就是根据用户的需求，将 B 端节点收集到用户的需求反馈到 S 端，再根据用户的需求来反向定制，真正实现需求和产品两条河流并行，这才是 S2B2C 的完整呈现。你可以从第一个层次开始做起，但你要知道后面还有第二个层次和第三个层次，要不断进行提升。

使用 S2B2C 模式，关键是要找出核心节点，或者叫**关键少数**，他们手里掌握着大量的我们想要的用户资源。我们要找出这些核心节点在哪里，如何找呢？就是要梳理。梳理我们的所有资源，包括团队长、社群、培训、商协会俱乐部、老乡会、同学会等，其实每个人背后都有很多资源，问题是你有没有用心梳理，能不能充分地利用起来。

你要梳理这些资源，然后看哪些可用，哪些不可用，再去对接，和他们达成合作关系，共同推进项目的发展。

如何梳理资源呢？我们有一个 **B 端节点联络表**的模板，可以帮助你快速厘清思路，梳理资源，从而进行更好的对接。

想要这个 B 端节点联络表吗？

没问题，马上扫码联系我的助理，即可获得这个模板。

同时，我有一个小小的要求，请你抽出 1 分钟时间，填下这个非常简单的表单：**社群状态信息表**。我希望能了解你在社群方面的情况，便于后续更好地交流。所有信息会妥善保管，敬请放心。

### 6.2.2　社群营销流程

不管是面向代理商、经销商的 2B 模式，还是面向终端用户的 2C 模式，都需要一个有效的营销流程，就是社群营销。

**社群营销就是基于相同或相似的兴趣爱好，通过某种载体把人聚集起来，通过产品或服务满足群体需求而产生的商业形态。**

它有三个要点：

（1）通过社群聚集同频的人。

（2）通过产品或服务满足他们的需求。

（3）通过社群提高转化率。

社群营销遵循的准则：

**用户找用户，口碑传口碑。**

社群营销的流程如下，分为四个步骤：引流、沉淀、成交、裂变。

| 引流 | • 线上引流（公益分享、比赛、秒杀、抽奖、拼团、优惠券等）<br>• 线下引流（活动、抽奖、比赛等） |
| --- | --- |
| 沉淀 | • 社群运营<br>• 私域流量 |
| 成交 | • 周期推出/爆品<br>• 成交主张（超高性价比、限时限量、赠品、零风险）<br>• 成交阵地 |
| 裂变 | • 裂变机制、裂变流程、裂变工具、口碑传播<br>• 荣誉+利益 |

### 6.2.2.1 引流

通过线上和线下多种渠道、多种方式获得流量，比如线上的公益分享、拼团、秒杀、抽奖、优惠券等，线下的地推、抽奖、比赛、砸金蛋等。

以众生活为例，引流方式有多种，比如万播会大讲堂，属于公益分享引流；每月的直播擂台赛，属于比赛引流；同时我们还会推出抽奖、秒杀等活动，属于活动引流。

关于流量，大家记住下面这句话。

**公域和私域并行，公域引流，私域变现；公域靠抢，私域靠养。**

如何抢得公域流量呢？在第 7 章我们将介绍抢得公域流量的三种有效手段。

如何养好私域流量呢？在第 8 章我们将详细介绍如何通过社群构建私域流量。

### 6.2.2.2 沉淀

引流的目的是沉淀和转化，没有沉淀的引流是无效的。

如何沉淀流量，促使流量变为留量呢？答案就是：社群运营。

做什么样的内容输出，做什么样的线上线下活动，如何做，谁来做，这些都是社群运营的范畴。关于社群运营的内容我们将在第 8 章详细介绍。

### 6.2.2.3 成交

在传统的营销模式中，成交是最难的环节，在社群营销中，成交是最容易的环节。

**信任是成交的门槛，无信任不成交。**

构建信任很难，导致成交很难；社群，恰恰是构建信任和情感的阵地，所以也就成了破解成交难题的钥匙。

在传统营销中，成交之所以难，是因为你和用户之间没有构建信任关系。假设信任的门槛是 1 米高，要想成交，就相当于你要推动一块大石头从地平面到 1 米高的地方一样，很累，很困难。在社群营销中，在成交之前有个环节叫沉淀，实际就是社群运营，社群运营做的事情，就是通过互动和链接，建立信任和情感。随着社群运营的深入，你和用户之间的信任度越来越高，从 0 米到 0.2 米，从 0.5 米到 1 米到超过 1 米，当信任高度达到成交门槛一样的高度时，成交就相当于是平推一块石头，是不是就容易了很多？当信任的高度超过成交门槛的高度后，你随便一踢，是不是石头就顺势滚下去了？这时候，成交就是水到渠成、自然而然的过程。

所以，千万不要认为成交是个独立的环节，成交和前面的运营是密不可分的，它们都是营销链条中的环节。

在社群营销流程中，成交就是临门一脚。你需要做的，就是踢好这一脚。怎么踢呢？做主题营销活动，流程如下。

**1. 活动主题策划**

比如周年庆活动、某个产品特价促销、新品试用、乔迁庆祝等，都可以作为活动主题，核心就是给理由，让用户觉得合理而不是突兀。

主题策划中要做好两项准备工作。

（1）设定一个无法拒绝的成交主张。

成交主张不单单是产品和价格，而是你给购买者的一个完整的回报承诺，通常包括几项内容：价值塑造、限时限量、超级赠品、零风险承诺。

举例：

A：原价 5000 元的空气净化器，今天特价只要 2600 元。

B：原价 5000 元的德国品牌空气净化器，今天店庆推出特价活动，只要 2600 元，只在今天，限量 99 台，同时赠送价值 2000 元的滤网，使用一年内不满意无条件退换货。

A 是一个降价促销，B 是一个成交主张。

（2）选择一个成交阵地。

成交阵地就是让顾客交钱的地方，可以是淘宝，可以是天猫，也可以是京东或拼多多，当然也可以是你自己的商城、小程序、App 等。

比如众生活，我们是用自己的微商城来成交的，这就是我们的成交阵地。

### 2. 创建成交活动群

成交活动群就是本次主题活动的交流群，通常是快闪群，活动结束后马上解散，避免对大家造成过多干扰。如果后续参加的人数较多，可以建多个群。

由运营人员建群，先邀请团队小伙伴入群，一起制定出群的规则和运营方案，并做好分工。

### 3. 拉人进群

人来自于前面的引流和沉淀，来自于你的潜在用户群、会员群、粉丝群等。在这些群内发布本次主题活动的介绍，吸引感兴趣的人入群。

拉人方法包括：

放新群二维码到老群；

放个人二维码到老群，对方加好友后再邀请到新群；

设置门槛，比如转发朋友圈才可以入群；

设置门槛，付款达到一定金额才可以入群。

以上入群门槛越来越高，人群越来越精准，但人数可能会越来越少。可以根据实际情况选用适合的方法。

### 4. 做好运营

主题活动的快闪群也是需要运营的，当然这个运营可以做得比较轻，目的是保持大家对本群的关注度。

首先做好欢迎活动，有人入群后要及时表示欢迎，让新人感觉到群的温度；其次可以引导大家在群内按照模板做自我介绍；接着可以简短介绍下本群的主题和规则；然后预告主题活动宣讲的时间和主讲人，引发大家的关注。

### 5. 主题活动宣讲

由主讲人介绍本次主题营销活动，主要就是前面设计好的成交主张和购买方式。主讲人要事先做好准备，调整好情绪，塑造好氛围，同时团队其他人要做好配合。

在主题宣讲开始前半小时，社群运营人员要先在群内预热，通过红包、抽奖、猜谜等方式，吸引群内人的注意力，让群内气氛活跃起来，为后续的主题宣讲打下好的基础。

**6. 跟单触达**

在主题宣讲过程中，有人会当场下单，也有人有兴趣但没有当场下单，还有人由于时间等原因没有参加主题活动，事后抽时间爬楼看回放。所以需要继续做跟单的动作，做好团队人员分工，把群内人员分配到个人名下，进行私聊交流，解答疑惑，以促成新的成交。

**7. 解散群**

以上动作完成后，由群主快速解散群。解散前在群内发布一段话，说下本次活动的成果，表达对于大家的感谢，预告下次主题活动的时间。

快闪群一般在 3～7 天内解散。

## 6.2.2.4 裂变

我们都希望自己的用户越来越多，从 100 个迅速到 1000 个再到 1 万个甚至更多，怎么能实现呢？靠的就是裂变。

设计裂变机制，规划裂变流程，通过一些好玩有趣的裂变方式，借助裂变工具来促进用户的裂变。这样的话我们的社群人数就会越来越多，通过社群运营，用户的黏性和信任度越来越强，就会产生滚雪球效应。

具体的分层裂变，我们将在第 8 章中详细介绍。

以上就是社群营销流程的四个步骤：引流、沉淀、成交、裂变，再提炼一下，形成下面这个公式。

> 多渠道引流+社群运营沉淀+周期爆品变现
> +持续分层裂变 = 社群营销

第一个叫多渠道引流，借助各种公域平台进行引流。

第二个是通过社群运营来沉淀，把流量变成留量，变成你的私域流量。

第三个是周期爆品变现，实际就是成交。

日常的内容运营和活动运营，核心是通过互动和链接建立信任和情感，作用是养客和拓客，不是成交，要持续地做；爆品变现的作用就是成交，要周期性地做，你不能总是卖卖卖。比如每月做一次爆品变现，每月推出不同的爆品，通过微商城、直播等方式来转化变现，就像众生活的直播擂台赛一样。

第四个是持续分层裂变，通过线上或者线下的方式，通过裂变机制和裂变工具，来做持续的裂变，不断扩大用户规模和社群规模。

社群营销流程背后的逻辑是顾客的欲望周期，如下图所示。

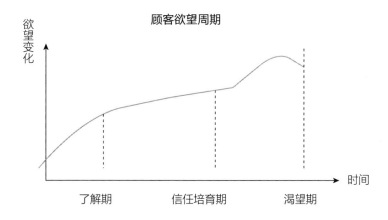

引流是和顾客的第一次接触，对应的是了解期。对于企业来讲，目的是抓住顾客的注意力，引导顾客进行沟通和交流，并留下联系方式；这是顾客对你的第一次了解，这时候想直接成交是很难的。

接下来进入信任培育期，就是沉淀期。通过社群运营和顾客多次互动，了解他的需求和痛点，塑造产品价值，建立信任和情感。

随着信任的增强，顾客越来越愿意和你交流，并反馈自己的实际需求，询问更多的信息，这时候顾客的欲望到达了高峰，进入了渴望期。成交的条件已经具备，你可以抛出成交主张了。

继续做好顾客的运营，巩固已经建立的信任和情感，选择适当的时机抛出裂变的主张和机制，促使顾客进行口碑传播，形成裂变。针对裂变来的新用户，循环上面的流程，最终形成滚雪球效应。

如果不懂这个底层逻辑，一上来就想成交，见人就想做营销，没有任何铺垫就想卖东西，那和一见面就要求结婚一样，结果可想而知。

## 6.3　调动虎狼之师的分钱机制

### 6.3.1　三个要点

到底如何才能找到 B 端节点并且让对方愿意跟我们合作呢？这是一个关键的问题，如果你不能解决这个问题，社群新零售这条路是走不通的。答案就是设置好多赢的合作机制。如何做到呢？先分享三个要点。

第一个要点：抓住关键少数最关键。

质量大于数量，不要盲目地追求数量，上来就要找 1 万个 B 端节点，实际上最后你可能会发现，1 万个随便找来的 B 端节点，松松垮垮，没有什么战斗力，还比不上 10 个真正有效的关键节点。

举例来说，我们 2018 年服务的一个客户，做的是大健康产品，年销售额达到 10 多亿元，有几千名代理，这些代理里面，最关键的就是两个人，其中一个人的团队人数占据了整个代理团队的 1/2，销售额占 1/4 左右，另一个相反，手下的代理团队人数占整个代理人数的 1/4 左右，但是销售额占到 1/2 左右。他们加起来占了差不多 3/4 的销售额，3/4 的团队人数，所以看似有几千名代理，实际上这两个人才是关键，这个公司要持续发展，就要牢牢地抓住这两个人，同时争取能再挖掘出和他们类似的人。

第二个要点：名和利双管齐下。

提到分销机制，通常就是返佣，你卖出一个东西，成交额 100 元，可以得到 10% 即 10 元的佣金，这是一个赤裸裸的利益机制，有用但可能还不够。

经常有人反馈说，我知道推广这个产品会有佣金，但是就觉得不太好意思去推，因为一旦我的朋友买了，如果知道了有佣金机制，他会不会觉得我在赚他的钱？

从机制上来讲，其实并不是在赚朋友的钱，而是平台给的奖励，是你的劳动所得，这个道理是说得通的，但是你心里面这道坎过不去，而且这样的人不在少数，很多人都有这样的顾虑，怎么解决呢？

有两个解决办法。

第一个是名和利双管齐下，你不仅要给他利，还要给他名。比如说品牌合伙人、联合创始人、共建人、股东等，更多地用名来牵引。

第二个是"温柔地"给利。

同样给利，但这个利不是直接给钱，而是给其他东西，比如积分，这个积分可以用来买东西，还可以提现，这就是"温柔地"给利。这样的话，推荐人的感觉会不一样。

**第三个要点：兼顾短期利益和长期利益。**

佣金、推荐奖励这些属于短期利益，干就有，不干就没有。这样肯定是不够的，人们需要安全感，需要持续、稳定的收益保障。所以，还要加上长期利益，比如推荐终生绑定，根据业绩给团队奖励，甚至给分红、期权、股权。

比如上面说的案例中，有两位关键代理，他们一旦离开，对这个公司的影响会非常大。所以你不能单纯把他们当成是一个卖货人，当成是你的渠道，这是一个短期的利益，没法长期绑定在一起，有很大的不确定性。你还得给他们提供长期的利益，让他们从为你打工变成为自己打工，怎么做呢？让他们加入运营团队、核心团队甚至成为股东，给分红，给期权，给股权。

## 6.3.2　常见的分钱机制

下面我们谈一谈分钱机制，虽然说起来比较俗套，但不可否认，分钱是最直接、最有效、最立竿见影的方式。一个项目如果不能让 B 端赚钱，不能让 C 端满意，是不可能持续的。

接下来我来介绍几种比较常见的分钱机制，让大家熟悉这些机制，知道在你的项目上，应该选择什么类型的分钱机制。

### 6.3.2.1  微商机制

微商模式实际上就是赚差价，高级别代理赚低级代理的差价，这个模式其实和线下的代理商的模式没有什么区别，只是以前在线下叫全国总代理、省级代理、市级代理、县级代理。它实际上就是把线下模式搬到了线上而已。

### 6.3.2.2  社交电商机制

每日一淘是生鲜社交电商的代表，2018 年下半年异军突起，做得非常火爆。每日一淘的模式如下图，它把代理及 B 端节点分为三个级别：VIP 导购、销售总监和销售总经理。

Ⅰ    如何成为 VIP 导购
购买 399 元创业礼包即可成为 VIP 导购；

Ⅱ    VIP 导购的权益
①自买省钱，推广赚钱：不论自己购物还是推荐他人在商城消费，均可赚取 10%～30% 的佣金；
②培训津贴：每推荐一位 VIP 导购可获得 100 元培训津贴（秒提秒到）。

Ⅲ    如何升级为销售总监
①直招有效 VIP 达 15 人。
②团队有效 VIP 达 60 人。
③个人销售佣金达 300 元。
（销售佣金达到 20 元即为有效 VIP）

Ⅳ    销售总监的权益
①直招一名 VIP 最高可获得 230 元培训津贴：
 直接推荐一名 VIP 可获得 100 元 VIP 培训津贴，同时获得 50 元总监培训津贴，
 当 VIP 销售佣金达 20 元时，可再获得 30 元培训津贴，
 当 VIP 销售佣金达 80 元时，可再获得 50 元培训津贴。

②团队内每招进一名 VIP 最高可获得 130 元培训津贴：
 团队成员每招进一名 VIP，可获得 50 元培训津贴，
 当 VIP 销售佣金达 20 元时，可再获得 30 元培训津贴，
 当 VIP 销售佣金达 80 元时，可再获得 50 元培训津贴。

③管理奖金：团队所有成员的销售佣金可提成 20%。
④育出总监后，育出总监团队每招进一名 VIP 可获得 20 元培训津贴，另外可拿育出总监每月管理奖的 30%。

Ⅴ    销售总经理
①晋级条件：
 直接孵化 10 个总监，直接＋间接孵化 60 个总监，
 团队销售佣金超过 80 元的 VIP 达 1000 人。

②培训津贴收益：
 0 元销售佣金，额外得到 30 元培训津贴，
 20 元销售佣金，额外得到 20 元培训津贴，
 团队管理奖为 12%，伯乐奖为 10%。

　　怎样成为 VIP 导购呢？花 399 元购买一个创业礼包，礼包里面可能有一个高压锅或者其他的产品，成为 VIP 导购之后，你自己买东西可以省钱，推荐新的 VIP 进来，你可以得到 100 元的培训津贴，然后你推荐的人再买东西，你还可以获得推荐佣金。

　　VIP 导购上面的级别是销售总监，怎样成为销售总监呢？直推有效 VIP 15 人，团队有效 VIP 60 人，个人销售佣金 300 元，就可以成为销售总监，销售总监上面是销售总经理。

　　不管处于哪个级别，都是两条线来赚钱。第一条线是推荐新人成为 VIP 可以获得推荐奖励、培训津贴、管理奖金，第二条线是你推荐的人在商城里消费，你可以获得佣金。这就是社交电商平台通用的分钱模式。

　　这个模式从逻辑上看并没有什么问题，但在实际运作中问题就出来了。两条线发展不均衡，大家发现卖东西赚钱太难了：第一，把东西卖出去就很难；第二，卖东西的佣金太低。2019 年"双 11"的时候，有位朋友就和我们说说，他在"双 11"期间帮某社交电商平台卖了将近 10 万元的货，但是最后一看佣金才几百元。他说："早知道这样，还不如就去发展 VIP 呢，发展一个 VIP 赚 100 多元，两个 VIP 就抵得上卖 10 万元的货了。"

　　这样就会导致很多代理把自己的重心转移到发展团队，而不是去卖产品。这就脱离了商业的本质，很容易陷入拉人头、传销等灰色地带。传销有几个典型的特征，第一个是加入有门槛，第二个是多级分润，第三个是靠拉人头赚钱，而不是靠卖产品赚钱。

　　每日一淘迅猛发展了一段时间之后，对政策做了调整，取消了 399 元的入门费，应该也是为了长期规范发展。

### 6.3.2.3　升级的社交电商机制

　　芬香是京东战略合作的社交电商平台，以下是它的机制。

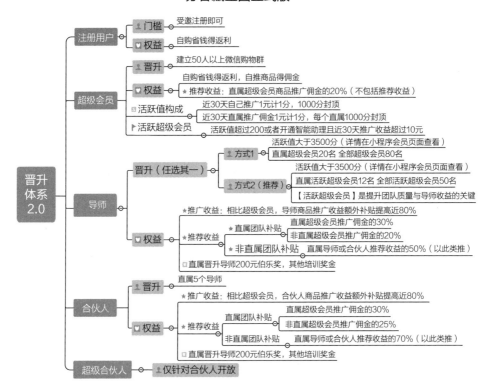

芬香藏宝图正式版

这个机制和每日一淘的机制有几个方面的不同。

第一，免费注册。第二，没有399元的入门费用，可免费成为超级会员。只要你建立一个50人以上的微信群，就可以成为超级会员，自己买东西返利，推荐别人买东西获得佣金。第三，由于取消了入门费用，各级代理的收益只有一条线，即来自于产品销售所得，这在某种程度上规避了传销的风险。

从分钱机制的角度来看，芬香的这种模式是比较安全的，我们称之为升级的社交电商机制。

### 6.3.2.4 定制化的分钱机制

下表是我们给一个客户设计的分钱机制。

| | 级别 | 获取资格 | 零售奖励 | 管理津贴 | 培训津贴 |
|---|---|---|---|---|---|
| 消费为主 | 同享会员 | 个人消费累计 1000 元 | 5% | | |
| | 优享会员 | 个人消费累计 3000 元 | 8% | | |
| | 尊享会员 | 个人消费累计 6000 元 | 11% | | |
| 事业为主 | 高级代理 | 累计收入 2500 元或招募 4 位尊享会员 | 11% | 13% | |
| | 执行代理 | 累计收入 30000 元或招募 4 位高级代理 | 11% | 18% | 1% |
| | 首席代理 | 52 周累计收入 20 万元或招募 4 位执行代理 | 11% | 25% | 1% |

我们把参与人分成两类,一类以消费为主,就是喜欢这个产品,希望以更低的价格买到产品,这类人是客户,把客户分成三个级别:同享会员、优享会员和尊享会员,根据个人的消费情况来升级,享受不同的优惠幅度。

另一类人说,我不仅喜欢这个产品,我更希望通过我的分享,让更多人享受这个产品,同时我还可以赚到钱,将其作为我的一个副业。我们将这类人称为代理。代理分为三个级别:高级代理、执行代理和首席代理。他们的收益来自于零售奖励即推荐奖励,管理津贴即团队奖励,以及培训津贴。

在这里必须要提醒大家,分钱机制不是看上去那么简单的,通常我们给企业客户设计这样的模式时,需要我们团队加上企业创始团队、高管、财务负责人等开闭门会议,有可能一两天都在讨论这个东西,在白板上写写、算算、画画,来回折腾好多次,最后才能把合理的数值算出来。它直接涉及利润配比以及资金的分配,如果这些数字没有搞清楚,盲目模仿别人的机制,很可能到最后你发现赚的钱根本就不够分配。所以在没有搞清楚之前,建议从简单的分钱机制开始,不要贸然启动复杂的分钱机制。

### 6.3.3 如何设计适合自己的分钱机制

以上介绍了几种分钱机制,切记一个原则:

制定分钱机制时,安全、稳定、可持续是最重要的考虑因素。

一定是以产品销售为主，而不是靠拉人头赚钱。

可能你经常会看到不断出现的新项目，别人会告诉你特别好，模式创新，超级火爆，某权威人士在背后投资，邀请你参与。你一定要先做评估，看下面几点：

- 这个项目怎样让参与的 B 端节点（代理、分销）赚钱，是通过拉人头还是通过销售产品？
- 有没有完善的 B 端节点的赋能体系？包括培训、指导、素材、活动等。
- 这个项目有没有设置门槛费？比如交 399 元才能成为分销。
- 分钱机制中有没有多级分润？

通过以上分析，你就可以判断它是不是安全、稳定、可持续。如果是靠拉人头赚钱、没有赋能体系、有门槛费、多级分润（三级以上），那么这个项目基本上就是一锤子买卖，80% 以上就是为了利用社交关系来割韭菜的，割完就走，生命周期一般为 6~12 个月。

**到底该怎样设计适合自己的分钱机制呢？**

(1) 项目运作前期，分销机制可以设计得简单一些，先运作起来，然后在运营过程中不断优化和迭代。

(2) 参考以上所讲的多种机制，找到发展迅猛的平台，特别是同行业的平台或项目，研究清楚它的模式，然后结合你自己的情况做一下优化和改进，形成自己的分钱机制。

(3) 建议的分钱机制：不设门槛费 + 二级分销 + 业绩奖励。

(4) 要通过技术平台来落地分钱机制，实现自动记录自动结算。

分销关系、推荐关系、团队绑定关系、各级分钱的比例、如何提现、资金的结算等，这些都需要通过技术平台来自动实现。

做这类技术平台的公司很多，你需要根据自己的需要做好选择，有很多技术平台，后台非常简单，只能设置二级分销，其他模式都没有，这样的话会有很多限制，无法满足你相对比较高的要求。

　　我们自己也是比较筛选和调研了多个技术方，最后终于找到了一个理想的技术合作伙伴，他们的系统功能强大，有完善的后台，有会员、分销商、代理商、订货商等各种角色，能支持各种机制设计。更重要的是，其服务到位，现在成了我们的长期战略合作伙伴。

　　本章的核心是升维，升维你的商业模式、营销模式和分钱机制。完成升维后，你就掌握了绝招，成了武林高手，可以上阵杀敌了。在直播社群新零售体系中，上阵杀敌就意味着可以获得更多的流量，转化更多的订单。

　　那么，如何能获得更多流量呢？正确的营销做法是什么呢？抢流量的方法都有哪些呢？

　　这些我们将在第7章：直播社群新零售落地之如何获得超级流量中详细介绍。

## 本章要点

- 超级模式包括商业模式、营销模式、分钱机制。
- 商业模式总结起来其实就是一句话：在什么场景把什么产品卖给什么人。
- 商业模式的升维有两种方式，第一种叫作社群升维，第二种叫作场景升维。
- 如何实现社群升维？挖掘项目的社群基因，打造会员社群并运营好这个社群。
- 配上社群这把冲锋枪，把你的项目从产品项目升维为社群项目。配上场景这把冲锋枪，找到核心场景中的核心需求并提供解决方案。
- 不分什么线上和线下，只有场景。
- 找到场景，霸占场景；没有场景，创造场景。
- 社群营销的原则：用户找用户，口碑传口碑。
- 无论是实体渠道还是网络渠道，只要手里拥有我们想要的用户，都是我们要的B端节点。
- 必须先自己做个C端市场的标杆，提炼出可复制的模式，再赋能B

端，最终服务好 C 端用户。

- 凡是不能为 B 端赋能的新零售平台必然无法持续。

- 在传统的营销模式中，成交是最难的环节，在社群营销中，成交是最容易的环节。

- 多渠道引流＋社群运营沉淀＋周期爆品成交＋持续分层裂变＝社群营销。

- 分钱机制三个要点：抓住关键少数最关键，名和利双管齐下，兼顾短期利益和长期利益。

- 制定分钱机制时，安全、稳定、可持续最重要的考虑因素。

- 一定是以产品销售为主，而不是靠拉人头赚钱。

# 第7章
# 直播社群新零售落地之
# 如何获得超级流量

▼

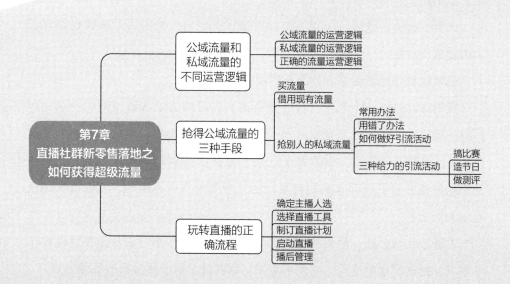

## 7.1 公域流量和私域流量的不同运营逻辑

营销的破局，核心在于解决两个问题，第一个是流量，第二个是留量。这两个问题解决了，后面的产品销售就是水到渠成、自然而然的事情。

我们换两个词来讲，第一个流量实际上就是我们说的公域流量，第二个留量实际上就是私域流量。回顾一下，在前面的章节中我们曾经问过两个问题，目前最大的公域流量池是什么？那就是以抖音、快手、淘宝直播为代表的短视频直播平台。目前最好的私域流量池是什么？是以微信个人号、微信群、微信朋友圈为代表的腾讯系流量。

此外，百度、微博、淘宝、今日头条、拼多多、美团等，这些也是比较大的公域流量池。

公域流量和私域流量有什么不同呢？

我们可以想象一个场景。有一条街道，街道两边是各种不同的门店，中间有一条河流，河流里面有很多水，这些水一会儿流进 A 门店，一会儿流进 B 门店，但是不会停留，也不属于任何一家，这些水就叫公域流量。如果有人想从河流里面引一部分水到自家门店，有两个方法：出钱，或者自家门店有很大的吸引力。

不管用什么办法，河流里面的一部分水流到了你家门店，你在后院挖了个池塘，把这些水留住了，它们不走了，这些就是属于你自己的私域流量。

到底该如何理解私域流量呢？

> 私域流量实际上已经超出了流量的范畴，它不只是流量，不只是一个个冷冰冰的电话号码和冷冰冰的微信号，它背后是一个个有血有肉的人、信任你的人。
>
> 做私域流量的核心不只是让用户进入你的微信群，而是让你的产品和人品进入用户的心智。

私域流量就是一个个和你有互动和链接、相信你、有血有肉的人。

这些人和你有互动、有链接，通过微信群等方式和你做沟通交流，他们信任你，这些才是你的私域流量。你所做的一切都要从用户出发，进入用户的生活，挖掘用户的需求和痛点，用对症下药的产品和服务来满足需求、解决痛点。

一直很不喜欢两个词，一个是鱼塘，一个是私域流量，我们认为这两个词的出发点是有问题的，以自我为中心，把别人当作鱼肉，以玩弄技巧为乐。基于这种思维，你的眼睛一定会瞄着用户的口袋而不是用户的需求，动作会走形，结果会变样，效果无法持续。社群思维是用户思维，只有也必须尊重用户，把用户放到第一位，把用户需求和痛点作为一切动作的出发点和指挥棒，才是正确的做法。

本书中多次提到"私域流量"这个词，主要是借用一下，便于大家理解。理解了本质，其实用什么字眼倒也无关紧要。

公域流量的特征是：流量大，转化率低，获客成本高。私域流量的特征是：流量相对较小，转化率高，成本低。

运营公域流量和运营私域流量有不同的逻辑。

## 7.1.1　公域流量的运营逻辑

首先看公域流量，下图是一个典型的广告投放营销漏斗转化模型，这个漏斗充分体现了公域流量的运营逻辑。

比如我们在淘宝上开店卖东西。淘宝上有无数店铺，搜索同一个关键词会有无数产品出现，当然流量也很大，但是淘宝的流量是公域的，是属于淘宝的，跟你没什么关系。如何获得更多的流量呢？

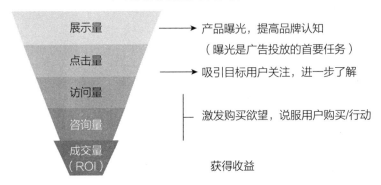

广告投放营销漏斗转化模型

你要为你的产品争取一个很好的展示位，比如搜索关键词时，可以排在第一位或者至少第一页，因此，花钱做淘宝直通车，让你的产品获得好的排名，从而获得更高的曝光率，这是第一步，通过展示得到曝光。

虽然曝光了，但是别人会不会点呢？不一定。如果对方确实有需求，而且你的标题写得很有针对性，图片特别诱人，用户可能会点击。从展示量转化为点击量，会有一定的比例，假设为40%。点击之后进入详情页面，部分人会从上到下完成浏览，这成为访问量，当然也有很多人会中途退出，从点击量转化为访问量又会有一定的比例，假设是50%。

看完你的详情页介绍之后，其中有部分用户会觉得你这个产品看起来还不错，功能很强大，价格也不贵，用户评价都挺好，好评率为98%，他就有了购买的欲望。接下来他会点击你的客服头像进行咨询，从访问到咨询也有一定的比例，假设是10%。咨询后，用户选择下单还是离开，从咨询到成交也有一定的比例，假设是50%。

你看，这就是一个非常典型的营销漏斗模型，从展示到点击到访问到咨询到成交，每一步都会有一定的流量损失，每一步都会有一定的转化率，按照上面的转化率，最终成交转化率是40%×50%×10%×50%＝1%。目前京东、淘宝、天猫的图文页面，转化率还不到1%。

那就意味着流量的流失是非常严重的。你花钱投放广告，好不容易引来100个人，最后发现可能只有一单成交，甚至可能一单都没有。就是一个典型的漏斗模型，上面人很多，然后一层一层逐渐往下漏，随着漏斗口越来越小，人越来越少，这就是公域流量的逻辑。

这是你想要的结果吗？肯定不是。因为这就意味着我们要不断地投放广告，不断地花广告费，最后还不一定能取得理想的效果，效果完全不可控，很可能是赔钱。所以，我们需要不同的运营逻辑。

### 7.1.2  私域流量的运营逻辑

我们希望人越来越多，希望我们好不容易花钱抓来的流量不要流失掉，而是沉淀下来，同时还能帮我们带来更多的流量。我们不希望从多到少，更希望从少到多，如下图所示。

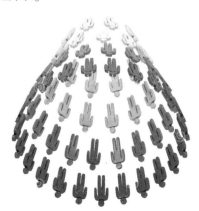

这是一个反漏斗型，从少到多，这是不是我们想要的呢？肯定是。不管我们用什么样的办法，终于有了少数的用户，他们是我们的种子，我们把种子种到土壤里，然后浇水施肥，促使其生根发芽，发展壮大，最后开花结果让我们的用户规模越来越大。这就是私域流量的运营逻辑。

公域流量和私域流量的运营逻辑是完全不同的，公域流量是从多到少，正漏斗形，私域流量是从少到多，反漏斗形。公域流量的做法是大手大脚，私域流量就要精耕细作，不能让每一颗种子轻易流失。

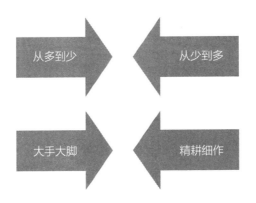

### 7.1.3　正确的流量运营逻辑

基于以上逻辑，我们到底该如何获得超级流量呢？

单纯做公域，你的转化率会很低，成本压力会很大，流量损失会很严重。单纯做私域，虽然可以产生裂变，但是裂变的速度没有那么快，是很难快速做大的。公域和私域承担的是不同的角色，发挥的是不同的作用，要两者兼顾。那么，重点来了，如何获得超级流量？记住下面两句话。

> 公域和私域并行，公域引流，私域变现。
>
> 公域靠抢，私域靠养。

前期没有流量的时候，我们要尽快获得流量，这些流量从哪里来呢？通过公域平台，比如我们说的抖音、快手、淘宝直播这样的平台。获得前期流量后，接下来就要做好流量的沉淀，促使流量变为留量。通过社群的构建和运营，让这些流量沉淀下来，并且做互动和交流，建立信任，建立链接，然后基于他们的需求和痛点推出对症下药的产品，实现转化和变现。

公域和私域有不同的运营逻辑，能发挥不同的作用。公域的价值就是引流，私域的价值就是沉淀和变现。

如何从公域引流呢？要用抢的办法，快速地引流。如何沉淀和变现呢？要用养的办法，精耕细作，持续地运营。它们的底层逻辑不一样，就决定了我们所采取方式和行为是不一样的。

> 不要用养的办法做公域，更不要用抢的办法做私域。

明明是公域平台，你本来该抢流量的，但是你偏偏用了养的办法进行精耕细作，不是说没有用，而是收效会非常慢。可能你养了一年时间，养了几千个上万个用户和粉丝，但是你可能会发现，还是无法转化变现。明明是私域，你本来该养的，但你偏偏用了抢的方法在上面横冲直撞，比如建个群，第一件事就是发链接发广告，或者加到别人的群里面，不停地发广告，这是一种特别简单粗暴的抢的办法，在私域中是行不通的。

请切记上面那句话，看起来很简单，但是特别关键，直接指导了我们公域和私应该采取的行为准则。那么，正确的营销方法是什么呢？看下图。

这是一个双漏斗形，把上面的公域和私域的正漏斗和反漏斗结合了起来。首先从公域抢来流量，然后一层一层地来进行沉淀和转化，形成我们的种子用户。接下来通过社群运营来构建关系，让这些种子生根发芽，发展壮大，最后分层裂变，这会让我们的流量越来越多，让我们的私域规模越来越大。

公域和私域并行，形成一个小蛮腰，这就是你应该采取的正确的营销方法。

在之前的章节中，我们分享过社群营销的流程，分为四步：引流、沉淀、成交和裂变。对照一下，这个流程和上面的双漏斗模型，是不是完全匹配上了？

以上讲的是公域流量和私域流量的不同运营逻辑，那么，如何能低成本地获得源源不断的流量呢？

## 7.2　抢得公域流量的三种手段

引流分为三重境界。

**第一重：技术引流。**

使用一些软件工具暴力加粉，然后发产品信息暴力成交。这种方式属于大海捞针式营销，成交率极低，而且破坏平台的规则，很容易被封号、禁用，很难持续有效，不建议使用。

**第二重：自己引流。**

花钱引流，或者采用线上的 SEO、软文、短视频等方式，线下的发传单、地推等方式硬推引流。这种方式需要花费大量的时间、金钱和精力，成本很高，而且效果不佳。

**第三重：借力引流。**

把别人的鱼塘变成自己的鱼塘，将别人的群友变成自己的群友，将别人的圈友变成自己的圈友。找到拥有自己用户的节点，形成合作，借力引流。前面所说的 S2B2C 模式，就属于这个层面。

公域流量靠抢，那么，如何抢呢？

抢得公域流量有三种手段。

### 7.2.1　第一抢：买流量

首先我们要理解公域平台的赚钱逻辑，百度、淘宝、抖音、今日头条等平台都是公域平台，公域平台靠什么赚钱呢？

比如百度，我们每天用百度，在里面搜索信息，寻求问题的答案，但是你给百度交过钱吗？90% 以上的用户都没交钱，我们在免费使用百度，那么百度如何赚钱呢？不用担心，它有自己的赚钱门道，目前百度赚钱主要靠广告，就是百度竞价。在百度里输入一个关键词，会出来很多页面，排名前面的那几个，后面都会标注两个字"广告"，是因为它们开通了百度账号做百度竞价，你点击一下，百度就能获得相应的收益，有的关键词是几元钱，有的是几十元钱，有的热门词甚至上百元钱，这是百度的赚钱逻辑，淘宝直通车也是一样的道理。

这些公域平台上有大量的流量，其实际上就是通过流量变现，做的是卖流量的生意，流量就是他们手里用于变现的武器和资本，虽然你没有花钱，但是你充当了他们的流量。

所以，在公域平台玩，需要理解平台的逻辑，遵守平台的规则。它的逻辑是卖流量赚广告费，那么我们第一抢就是买流量。

公域平台的广告有多种方式，比如抖音上有橱窗广告，有 DOU +，可以开通鲁班店铺，还有竞价广告。

说下抖音的竞价广告。

首次充值 1 万元，其中含 8800 元的推广费和 1200 元的服务费，可以按照展示竞价，也可以按照点击竞价。

可以设置区域定向、人群定向等。比如说你的目标用户是北京市海淀区的用户，那么你可以在区域定向中按照区县找到北京市海淀区，这样只有北京市海淀区的用户才能够看到你的短视频。

也可以按照人群定向，比如说你的目标用户是宝妈群体，24 ~ 30 岁，那么你就可以选择性别女性，年龄 24 ~ 30 岁，还可以对手机品牌等因素进行设置，实现人群的精准投放。

抖音后台的数据量是非常庞大的，它会根据你在平台的动作轨迹和行为习惯，包括你的浏览习惯、购买习惯、点赞、评论等，为你贴上很多不同的标签，从而为你这个人做了一个非常精准的画像。

这样它就可以根据广告主的需求，根据标签匹配到相应的人，把广告主的短视频推送给目标群体，做精准的投放。

通过做广告来抢流量，其好处是立竿见影，马上会见效，只要你开通广告位，就会有流量。如果你不投广告，发个短视频可能只有100人看；一投广告，一下子会有1000人甚至上万人来看，立竿见影。不好的地方在于结果不可控，虽然有1万个人来看，但是有多少人能形成转化，这个是不可控的。也许你花了1万元广告费，最后发现成交额只有1000元，当然也有可能成交10万元。

这种依靠投放广告引流量的办法，比较适合具有一定资金实力、有一定规模、有广告预算、更注重品效合一的企业，第一可以扩大品牌的影响力和知名度，第二可以引来流量，有可能形成转化。

### 7.2.2　第二抢：借用现有流量

这实际上就是我们之前所提到的S2B2C的模式。我们想要的用户已经掌握在其他人手里了，我们要做的就是找到这些人，和他们达成合作。这些节点有哪些呢？

| 对接B端 | | | | |
|---|---|---|---|---|
| MCN机构/自媒体平台/达人平台 | 带货团队 | 培训机构 | 社群平台 | 种子用户 |

#### 1. MCN 机构/自媒体/达人平台

MCN机构比如无忧传媒、大禹等，旗下有很多网红和主播。自媒体平台和达人平台，比如微博、小红书、抖音、快手、微播易、红点宝宝等，聚合了一批大V，你可以直接和他们达成合作，当然你要有好的合作机制。

#### 2. 带货团队

市场上也有一些比较有规模的带货团队，他们有成千上万甚至更多的团队成员，通过他们，可以直接为你带来流量，产生销售。

### 3. 培训机构

比如社群培训机构、团队长培训机构、微商培训机构、新零售培训机构，这些机构本身不一定有很多流量，但是他们通过培训聚集了很多 B 端节点，比如社交电商的从业人员、微商团队长、社群群主、实体门店等，如果你想对接这样的节点，培训机构是一个很好的桥梁。

### 4. 社群平台

社群平台上聚合了很多社群群主，手里都有社群资源。比如肖斌韬做的群主家，链接了上万个群主，可以对接到几十万个微信群，这里面也许有你想要的用户群体，那么直接找到群主家合作，是个不错的途径。

比如我们众生活，聚合了两类人，一类是实体企业家，另一类是社群群主，就是我们说的 B 端节点。比如睿问，是国内优质女性学习和服务社群，聚集了大量的白领女性，分布在全国各地，在各地有校长。如果你的目标群体就是白领女性，那么直接对接睿问，找到各地的校长可以事半功倍。

### 5. 种子用户

早期购买产品的人，叫早期顾客，但不一定是种子用户。不仅买了你的产品，还非常认可，有意愿、有时间、有资源，愿意帮你做扩散传播，这样的人被称为种子用户。

我一直有一个观点：从种子用户成长起来的节点是最好的 B 端节点。相比对接的外部节点，这些人更认可你的产品，更相信你的人品，更熟悉你的机制，更容易帮你传播扩散。

所以，我们要内外兼修，不仅要对接外部节点，更要培养自己的 B 端节点。从你的种子用户中，筛选出合适的人，为他们赋能，让他们愿意投入时间和精力来共同推进项目的发展。

以上是五种找到 B 端节点的途径。如何梳理你的 B 端节点呢？我们有一个模板：B 端节点联络表，如果需要，你可以在本书 6.2.1 章节中扫码获得。

找到他们后，如何达成合作呢？前面章节已经讲过了，设计一个多赢的

合作机制，同时注意三个原则：抓住关键少数，名和利双管齐下，兼顾短期
利益和长期利益。

| 要点一 | 抓住关键少数最关键 |
| 要点二 | 名和利双管齐下 |
| 要点三 | 兼顾短期利益和长期利益 |

### 7.2.3　第三抢：抢别人的私域流量

我们大家都有自己的微信号，都有多个微信群，都有自己的微信朋友圈，
所以其实我们每个人都是一个节点，都有自己的私域流量。如果我们能把大家
发动起来，一起帮你转发扩散，是不是就相当于抢到了很多人的私域流量呢？

#### 7.2.3.1　常见的抢私域流量的办法

比如拼多多就非常典型。

原价 99.9 元的产品，只要再找到另外两个人一起拼团，就可以直减 50
元，享受 49.9 元的优惠价格。门槛不高、难度不大、优惠很多，因此很多人
就会把拼团链接发到自己的微信朋友圈或者微信群，或者直接发给好友，这
样是不是就为拼多多贡献了自己的私域流量？

此外，猫眼电影经常做砍价 0 元看电影的活动。一张电影票原价 50 元，你可以转发给朋友帮你砍价，每人砍价的金额不同，最后砍到 0 元，免费看电影。有朋友砍一刀，优惠了 10 多元，你大受鼓舞，继续找其他朋友。你的朋友觉得活动不错、电影不错，也发起了自己的砍价，找他的朋友帮忙，这样口口相传，形成病毒传播，为猫眼贡献了大量的流量。猫眼用这种方式就抢到了大家的私域流量。

抢别人的私域流量，通常要用到一些营销手段，抽奖、秒杀、优惠券是最常用也是很有效的三种手段。

### 7.2.3.2　你是否也用错了办法

每当国庆节、春节等节日来临前，企业和商家就纷纷摩拳擦掌，精心设计各种活动，希望引来大量流量、引爆销售。想法很好，但别着急，先看看下面的案例，你是否也和他们一样，用错了方法。

有一家化妆品企业，为了引流，在自己的线上商城设计了一个抽奖活动，所有人都可以免费参加。

- 一等奖 3 名，奖品是一部华为新款手机；
- 二等奖 50 名，奖品是一个滑板车；
- 3 等奖 100 名，奖品是 1.99 元红包；
- 鼓励奖 500 名，奖品是商城 20 积分，积分可以用于兑换产品。

由于奖品丰厚，活动发布以后，通过老顾客传播，最后有两万多人参与了抽奖，奖品也很快分发完毕。活动完成后企业发现，奖品发了，商城的流量也上来了，但是销售额根本没有什么明显变化。

其实，这种花冤枉钱搞活动的情况，屡见不鲜。

- 前几年 App 流行时，很多地铁口、公交车站都有人专门驻扎，只要你扫码下载 App 就可以获得回报，比如一个毛绒玩具、一个充电宝或者其他礼物。
- 邀请用户做调研表，只要填写表单，就可以获得 10 元话费。
- 扫码进群就可以获得××视频网站 VIP 卡一张。
- 邀请 3 人进群就可以获得原价 999 元的免费课程。

最后大家发现，90% 以上都是赔钱赚吆喝。

为什么会这样呢？

### 1. 没有设计好闭环的流程

前文中我们介绍了社群营销的四个步骤：引流、沉淀、成交、裂变。

引流的目的是转化，转化的前提是沉淀，没有沉淀的引流是无效的。

所以，问下自己：

引流之前，想好如何做沉淀了吗？

设计好后续的成交和裂变机制了吗？

形成营销闭环了吗？

### 2. 没有门槛，用户不精准

像上面的例子，所有人都可以参加抽奖，没有任何门槛，就会吸引来一群人，但毫无精准度，大部分人并非是真正的潜在用户，甚至有很多人是专门的"羊毛党"，通过小号、马甲、工具等"薅羊毛"，占了便宜就走，活动的效果就可想而知了。

### 3. 奖品和产品不匹配，缺乏转化力

要想沉淀和成交，活动奖品必须和主打产品匹配，奖品的作用是让用户体验你的产品、认可效果，从而为后续的成交打下基础，所以，奖品其实就是一把钩子。

你是卖化妆品的，结果用手机、滑板车等毫不相关的产品做奖品，这根本就是不合格的钩子、无力的钩子，很显然，除了热闹一阵外，后续的转化效果甚微。

一个小小的引流活动，要想做好，不是那么简单的。一旦没有做好，结果就很可能是被"薅羊毛"。

"羊毛党" 对企业的伤害是很大的。

（1）**运营成本失控。** 本来预计有 1000 人参加活动，运营成本每人 20 元，总成本也就是 20000 元，结果庞大的"羊毛党"组团过来，瞬间来了 10000 人，花掉了 20 万元，导致运营成本失控。

（2）**数据样本失真。** 给做调研的用户送红包，"薅羊毛"党一拥而上信手填答案，完全冲着红包而来，使数据的真实性难以保证。

（3）**活动失去公正性。** 本来想组织一场公平公正的活动，谁知道"羊毛党"组团刷单，排名靠前的全部是"羊毛党"，让其他按规则参与的用户只能暗自神伤。

**如何规避 "羊毛党" 呢？**

（1）**避免给直接利益。** 通常情况下，红包和话费等用户直接即可获得并

带走的利益是"羊毛党"的最爱，而对于优惠券或者实物奖励，前者涉及购物使用，后者通常需要填写个人的收货信息，可以让部分"羊毛党"知难而退。

（2）**提高参与门槛。** 比如对于调研投票有礼活动，在用户参与前有适当的筛别目标用户的题目，符合条件者才能够进一步参加，而不是所有用户一视同仁随意填写均可得到。

（3）**设置防范风险提示。** 比如对于投票等活动，在活动开始前就要提出，如果有人通过刷票等形式违规操作，主办方有权取消其参与资格或相应奖励，以避免在后期发现违规操作后只能放任不管。

### 7.2.3.3　如何做好引流活动

看下面这个案例。

联想乐呗商城每周三都有福利日，其中一次的活动是这样设计的：

（1）花1分钱即可参与抽奖。

（2）采用拼团方式，30人成团。

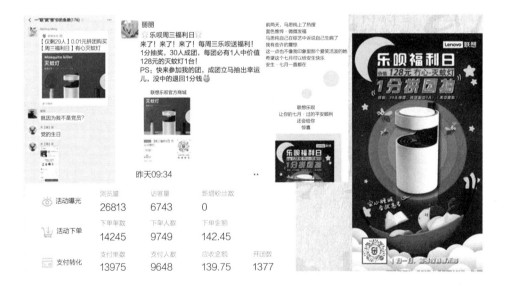

（3）每 30 个人中必然有 1 个人中奖。

（4）奖品是商城的一款产品：价值 128 元的灭蚊灯。

效果如何呢？我们来看数据：

当天活动下单人数 14245 人，效果还是很不错的。

**这次活动成功之处有以下几点：**

（1）需要付款 1 分钱，同时需要拼团，有门槛，人群相对比较精准，一定程度规避了"羊毛党"。

（2）采用了拼团和抽奖方式，裂变效果好。

花一分钱就可以抽奖，而且有可能得到 128 元钱的灭蚊灯，这个东西很超值，又没什么成本，所以很多人都会来参加。30 人成团，为了拼团成功，参与者会把亲戚朋友、同学同事都拉进来，形成人传人的口碑效应，为商城贡献了自己的私域流量。

（3）奖品就是商城的产品，也可为后续的成交打下基础。

**当然，其实这个活动还可以做得更好，只要改进其中的两点。**

哪两点呢？请你思考 30 秒，再接着往下看。

### 1．奖品分级

目前是 30 个人中有 1 个人中奖，可以再添加一个奖项，除了 1 个人获得灭蚊灯外，再设置一个二等奖，中奖者可得 30 元代金券，乐呗商场全场通用。这些人已经被活动引到了商城，进入了消费场景，如果获得 30 元代金券，是不是有可能直接购买其他产品呢？这无形中提高成交的比例。

### 2．做好用户沉淀

1 万多人参加了活动，留下了联系方式，这是宝贵的财富。如果一下子都散了，或者一锤子买卖就结束了，是非常可惜。所以要想办法把用户沉淀到微信好友或微信群中。

如何沉淀呢？可以在抽奖产品描述中加上一段话：

感谢您参加活动，我们每周都有好玩的抽奖和其他活动，并且有专门的服务群，群内会分享提高中奖率的秘诀，欢迎联系客服小乐，微信号：××

×××，期待您的加入！

这场活动的性价比如何？你可能会问，这场活动应该会赔钱吧？1 万多单，也才 100 多元钱，但送出去的 300 多台灭蚊灯，成本肯定不止 100 多元钱，这不是在赔钱吗？

单纯从金额上来讲，这次活动肯定是赔钱的，但是考虑到引来的 1 万个新的用户，就不会觉得亏了，如果能把这些用户沉淀下来，那就是赚了。

怎样来沉淀、运营和转化，是一个系统工程，在后续章节中会讲到。从引流的角度来讲，这场活动做得还是很成功的，用拼团加抽奖的方式，抢到了大量的别人的私域流量。考虑下，你是不是也可以使用类似的方式来引流呢？

### 7.2.3.4　三种超级给力的引流活动

下面推荐三种超级给力的引流活动。

- 搞比赛。
- 造节日。
- 做测评。

**1. 搞比赛**

查看众生活新零售商城后台数据就会发现，每月月初几天，是商城流量最大的几天。为什么呢？因为那几天众生活在举办直播擂台赛。

直播擂台赛是众生活的一个品牌活动，每月一期，月初举办，目的是筛选优质的产品和项目，通过众生活的技术平台和社群资源，打造项目 IP，推动项目发展。

直播擂台赛目前已经举办了五期，每期筛选五个优质项目，比赛持续五天，每天晚上八点做一场直播，直播结束后由评委根据直播间的人气、销售额、场景塑造、脚本完整性、现场氛围等进行打分，评出本期擂主，擂主有资格参加我们年底的直播擂台赛总决赛。

 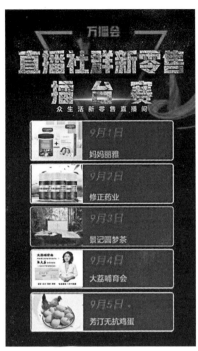

　　参赛项目会在多个方面获得回报。第一个是个人 IP 和品牌 IP 的打造，比如王的衣架、大荔哺育、妈妈丽雅等，通过比赛成了众生活中的知名项目，无形中也获得了更多的机会。第二个是种草和种子用户，有些人会现场购买，成为种子用户，有的人虽然没有购买，但是通过观看直播了解了这个品牌，更直观地了解了创始人，当后续有这方面需要的时候，会第一个想到购买，这就是种草的价值。第三个是现场成交，每次直播都有成交，当然金额各不相同。第四个是持续的转化。参赛项目由于得到了大家的认可，加上产品的性价比高，后续会有复购，会有新的用户购买，形成持续的转化。

　　以下是我们某期直播擂台赛直播间的截图，左边是福匠，做的项目叫作空中美容院；右边是李娃，产品是王的衣架。她们两位惊艳出场，为擂台赛奠定了很好的基础。

　　比赛引起了广泛的关注，社群成员特别是项目方大力传播扩散，引来了新的流量，使得每次直播擂台赛都成了商城的流量高峰。

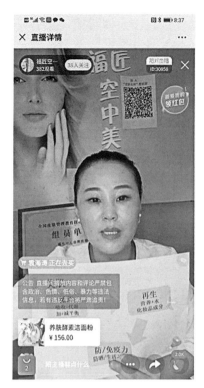

大兵哥是我们服务的会员企业，提供的是退役军人的就业创业服务。新冠肺炎疫情发生后，大兵哥的业务受到了影响，面临着如何突破的问题。在大兵哥登记的有四万多名退役军人，如何激活？如何获得更多企业的关注？如何创造新的工作岗位？

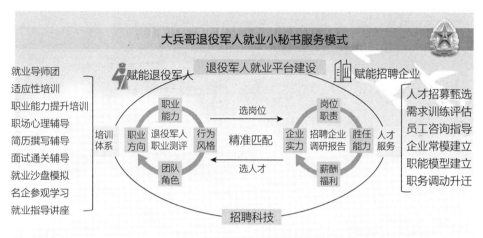

基于企业的情况和市场需求，我们一起研讨出了一个方案：**基于退役军人做直播擂台赛**。这样第一可以激活现有的退役军人群体；第二可以培养一批退役军人主播，创造新的就业岗位，并更好地服务企业；第三可以造势，从而获得企业的关注，获得更多业务；第四还可以顺势打造直播电商平台，创造新的盈利通路。

经过多次沟通，我们做出了比赛方案。由大兵哥的创始人孙总对接政府，得到了退役军人事务局的大力支持，最终决定在河南南阳做首站比赛，然后辐射到河南其他市区。

比赛启动后，迅速得到了政府、企业和退役军人的积极响应，有1500多人报名，其他多个县市政府主动联络大兵哥要在本地举办比赛，还有很多企业纷纷前来赞助。这场比赛为大兵哥打造了新的发展空间，吸引了大量流量和关注，未来发展可期！

### 2. 造节日

这个手段已经被用得很多了，比如大家都熟知的京东"618"，淘宝"双11"，此外还有"阿里年货节"、苏宁易购"闺蜜节"、1号店3月8日的"宠爱女人节"等。

节日可以引发人的关注，从而获得流量，但要注意的是，不能为了节日而造节日，核心还是要推出独特的、高性价比的产品和服务，满足用户的需求。

### 3. 做测评

郑州市新希望职业培训学校是经职能部门批准的正规的职业培训学校，也是我们众生活的会员企业。学校已经开办了10多年，目前开设的培训项目有育婴师、公共营养师、心理咨询师等。创始人申柯老师是全国首期高级育婴师班学者，河南首位高级育婴师，国家育婴师培训讲师，被称为"河南育婴第一人"，学校也获得了很多荣誉。

## 郑州市新希望职业培训学校

2014年12月12日被中国社会组织评选为河南省唯一一家社会办学3A级教学单位,并颁发荣誉证书;

2015年5月20日被金水区人力资源和社会保障局签约授权为唯一一家定点培训育婴师的就业机构;

2018年5月24日被郑州市人力资源和社会保障局首批通过审核验收的职业培训学校之一。

该学校以前采取的模式全部是线下模式,目前开始转线上,开发了线上产品"线上亲子特训营",针对0~7岁孩子的妈妈,通过线上指导、21天训练,提高孩子某些方面的能力,比如感统能力、专注力、视觉空间、粗大动作、精细动作、沟通表达等。

产品有了,要怎么引流呢?怎样能获得更多妈妈们的关注呢?

他们的方式就是测评。

学校开发了一套线上的儿童测评系统,从感统能力、专注力、先天气质、八大智能、六大品格等方面对孩子进行测评。测评方式很简单,妈妈扫码进入测评系统,填写孩子的出生日期、性别等基本信息后,就可以免费进行测评。回答事先设置好的系列问题后提交,系统就会根据回答给出孩子的测评结果,以及和样本大数据的比较,从而使妈妈可以清晰地看出孩子在哪方面优势明显,哪方面还有欠缺,需要加强哪方面,弥补哪方面。测评后,学校还会为家长提供免费的测评报告解读,让家长更加清晰地了解孩子的情况,根据孩子的优势和劣势,选择不同的训练项目。

现在家长都知道要因材施教，前提是要先了解自己的孩子，有了这样一套测评系统，就可以更加科学、客观地了解孩子，从而因势利导，定向培养，试问哪位家长会不欢迎呢？测评系统做出来后，很快就得到了家长们的热烈响应，同时一些早教机构和幼儿园也纷纷找过来寻求合作。

本章的主要内容是抢得公域流量的三种方式，我们来简单回顾一下，第一种方式是买流量，第二种方式是直接借用现有流量，即 B 端节点的流量，第三种方式是抢别人的私域流量。

希望你能够好好地审视一下自己的项目，梳理自己的资源，基于你的实际情况，这些获得超级流量的办法，你应该用哪一个呢？是不是还有更好的办法呢？

## 7.3　玩转直播的正确流程

直播是一个非常有效的吸引流量、提高转化率的手段。但是要做好直播，并不是一件容易的事情，同样需要遵循一定的流程。

## 7.3.1　确定主播人选

你认为对于一个中小微企业来讲，选择谁来做主播最合适呢？

- 年轻貌美的小姐姐；
- MCN 机构的网红；
- 公司员工；
- 企业创始人。

哪个是最适合的人选呢？

在对比答案之前，我们先考虑一个问题，主播应该具备哪些特质？我们认为应该具备以下五个特质。

第一，专业。

以直播卖手机为例，你要对所卖的手机非常熟悉，它用的是什么摄像头、什么操作系统、什么处理器，内存多大，是哪个工厂生产的，各项指标如何，跑分多少。如果你不专业，介绍不清楚，甚至把某些数据说错了，会给人一种特别不好的印象，转化率也会受到影响。

第二，可信赖。

通过平时的 IP 打造，让别人相信你是这方面的专家，就会获得信赖感。另外，直播在某种程度上也是要看脸的，不一定很帅很漂亮，但要让人看起来可信可靠。第一印象会有加分或减分的作用。

第三，表现力强。

做直播在某种程度上就相当于是在演电影，有导演，有编剧，有脚本，主播实际上就是前台的演员，你要按照编剧做的脚本、把导演的意图淋漓尽致地展示出来：什么时间吸引人加入，什么时间引导人转发，什么时间调动观众情绪，什么时间引导购买。脚本有了，你还要有很强的表现力，才能够把它表达出来，达到预期的效果。

第四，有个人 IP。

有个人 IP 也就意味着你的专业性受到了别人认可，你可能已经有了一定的粉丝。

第五，有用户资源。

如果你本身自带流量，自带用户资源，就会更加的给力。

以上就是我们说的主播需要具备的几个特质。

回到前面的问题，到底哪个是最适合的主播人选呢？不知道你的答案是什么，我们的答案是：**企业创始人**。

根据实际经验来看，企业创始人自己能出镜就出镜，为什么呢？直播的优势就是场景感强，更真实，更立体，能够迅速建立和观众之间的信任感。作为企业创始人，你讲自己的产品，首先会讲得非常清楚，另外你会讲得非常有情怀，你可以讲你的初心，你的创业经历，这些真实的东西是最能打动人的。所以企业创始人出镜来介绍自己的产品，可以做到人、货、场合一，浑然一体，在专业、可信赖、表现力等方面都有独特的优势。因为真实是最有效的，真实最能打动人。

当然有时候企业创始人自己可能确实不方便露面，或者确实不适合做主播，怎么办呢？可以退而求其次，根据上面所说的五个特质，找到适合的人选。

## 7.3.2　选择直播平台

很多人或许会说，这还用选吗？哪里人多就去哪里开播呗，于是纷纷去抖音和快手做直播，最后发现自己很快就沦为了"直播难民"。

> 如果直播和社群失联，则直播没有价值；
> 如果直播不能和新零售无缝衔接，则这种直播就没有意义。

你做一场直播，假设有 1 万个人观看，如果转化率为 10%，则这 1 万个人里面有 1000 个人产生了购买。我们希望的是，不管是否购买，我们都要把这 1 万个人沉淀到我们的社群中，以便和他们有更多的互动交流，建立信任和情感，从而引导他们看我们后续第二场、第三场直播。但是不管你在抖音、快手还是淘宝上做直播，你会发现，没办法把这些人直接沉淀到你的微信好友和微信群中，你发个微信号或者口播你的微信号，都有可能会被降权或者封号。

因为无论是抖音、快手还是淘宝直播，这些平台和腾讯是完全不同的商业主体，都不希望自己的流量被带到微信上。所以，抖音、快手、淘宝直播这些平台和社群是失联的。前面章节中我们讲过，引流的目的是沉淀和转化，无法沉淀的引流是没有价值的。

再看直播和新零售的关系。你开了一个直播，如果想让直播间有更多人围观，就需要别人帮你转发直播间的链接，但是如果别人转发后发现，他拉了 100 个人来看，这些人在直播间购买了产品，但是跟他没什么关系，那么，他凭什么帮你转发呢？这样他就缺乏持续转发的动力。这种情况就叫直播和新零售是隔离的状态，这是有问题的。

**直播和新零售必须无缝衔接，要通过转发直播间的链接绑定新零售商城的推荐关系并且让推荐人获得收益。**

所以，当你选择直播平台的时候，一定要评估以上这两点能不能实现，如果能实现，那很好。如果不能实现，那就需要选择更好的平台。

关于直播平台我们做了一个总结表格，大家可以做一下对比。

我们把直播平台分成四种类型。

| 分类 | 典型代表 | 优势 | 劣势 | 价格 | 典型模式 | 适合人群 |
|---|---|---|---|---|---|---|
| 成熟型平台 | 淘宝直播、抖音、快手 | 1. 流量大 2. 技术成熟、稳定、容量大 | 1. 公域流量转化率低、留存难 2. 公域和私域难以打通 | 开播免费，广告付费 | 广告引流、鲁班店铺或橱窗转化、平台扣点 | 品牌企业、大中型企业、强IP |
| 名门正派型 | 腾讯看点直播 | 1. 腾讯官方出品 2. 稳定可靠 | 1. 公域流量不开放 2. 迭代较慢 | 599元/半年，没有提点，也有免费版本 | 定位于私域流量的零售工具，把自己的微信流量引流到直播转化，通过小程序做转化 | 有老用户、有粉丝、社群的人或企业 |
| 第三方挂靠型 | 特抱抱、有播、爱逛 | 有供应链，灵活 | 1. 流量少 2. 营销模式单一 3. 通过多级奖励吸引主播，有造成泛滥的风险 | 399元或299元年费，1000元保证金，2%提点 | 1. 开通直播卖平台上的产品获取佣金 2. 开通店铺卖自己的产品 | 1. 擅长做直播、有一定粉丝的人，通过卖平台的产品获得收入 2. 有自己产品的人或企业 |
| 自建型平台 | 众生活 | 1. 直播、社群、新零售无缝衔接，便于沉淀用户 2. 营销功能强大 3. 可以把控供应链，方便灵活 | 前期费用高 | 几万元到几十万元不等 | 筛选优质产品，对接合适的主播，通过社群扩散，通过新零售转化 | 希望拥有自己的直播社群新零售体系，打通社群通路，实现快速转型的企业 |

### 1. 成熟型平台

典型代表就是淘宝直播、抖音和快手，它们的优势是流量很大，技术稳定，服务器容量大，一场直播上百万人同时观看都没有问题。劣势就是刚才所说的，这些平台的流量都是公域流量，转化率较低，留存较难，而且和你的私域难以打通，很难将其流量沉淀到微信里边。

开通直播是免费的，你可以在手机上开通一个账号做直播，非常方便，不过通过这种免费的方式，实际上是很难获得流量的，这类平台的逻辑就是卖广告赚钱，你出钱做广告就给你流量，所以它的典型的模式就是广告引流，通过鲁班店铺、DOU＋等方式来进行引流并争取转化。

成熟型平台适合两类群体。

第一类是品牌企业、大中型企业，有一定规模，有广告预算，愿意花钱在上面打造自己的品牌。

第二类是强 IP，强 IP 自带流量，平台会很欢迎你并且支持你。比如罗永浩在抖音做直播，他本身有一定的粉丝，另外抖音全力支持，为他做宣传。

### 2. 名门正派型

典型代表就是腾讯的看点直播，当然腾讯陆续又开通了小程序直播、小商店、视频号等。它的优势就是腾讯官方出品，稳定可靠。它的劣势是它的公域流量基本不开放。

也就是说，至少从目前来看，腾讯看点直播实际上只是给你提供了一个直播的工具，它的定位就是私域流量的直播工具。你有几千个微信好友，有几百个微信群，你有自己的私域流量，但是通过图文的方式转化率比较低。腾讯看点直播给你提供了一个更加场景化的工具，把微信的流量、朋友圈的流量引到直播上面去做转化，通过它可以帮你提升转化率，这就是它的价值所在。

所以腾讯看点直播比较适合那些有老用户、有粉丝、有社群的人或者企业来销售自己的产品，提升转化率。

### 3. 第三方挂靠型

这样的平台非常多，比如特抱抱、有播、爱逛等，其优势是灵活，有供应链，平台上本身就有产品，哪怕没有产品，你也可以通过卖别人的产品来获得佣金，你只要擅长做直播就行。其劣势有三个：第一个是流量比较少；第二个是营销模式相对比较单一；第三个是通过多级奖励的方式来吸引主播，有造成主播泛滥的风险。

比如有播，开通一个直播账号299元，你推荐一个人开通直播账号，就可以获得100元钱的佣金奖励。这实际上是把社交电商的玩法用到了直播平台上，会造成很多并不需要直播的人被动开通直播，导致主播泛滥，最后很多人赚不到钱，卖不出去货。

它适合什么人呢？第一类是擅长做直播的人，有些年轻人，喜欢说话、表现力强，长得也阳光，就想玩一玩直播，但不想费那么多心思去搞什么供应链、筛选产品。那么就可以开通直播，直接卖平台上的产品，获得销售的提成。第二类是微商或者社交电商的团队长。以前很多做微商或者做社交电商的人囤了很多货卖不出去，现在这类直播平台实际上是给他们提供了一个清理库存的途径。

### 4. 自建型平台

前面说了，直播和社群必须无缝衔接，才能直接沉淀用户到社群；直播和新零售必须无缝衔接，才能直接绑定推荐关系。按照以上的标准，以上三种类型的平台都无法满足需求。

我们当时也是在直播平台里面选来选去，最后发现都不能满足我们的要求，最后通过技术合作方，开发了自己的直播社群新零售平台，就是我们的众生活新零售平台。

它的优势为：①直播、社群、新零售无缝衔接，可直接沉淀用户，可绑定推荐关系。②营销功能非常强大，基本上你能想到的营销功能，包括拼团、秒杀、优惠券、积分、红包、砸金蛋、抽奖、拍卖、摇一摇等，都具备。③因为是自己的平台，可以把控供应链，比较灵活。

它的劣势就是前期费用比较高，适合有一定用户规模、希望拥有自己的直播社群新零售体系的企业。

如果你不是要做直播卖货，而是做知识变现，卖的是课程、会员这样的产品，有这样几个平台可供选择：千聊、短书、小鹅通和荔枝微课，目前小鹅通是公认的最专业的、功能最强大的平台，当然价格也是最贵的，具体的你可以了解和比较下，根据自己的需求进行选择。

以上就是关于直播平台的选择，这一环节很重要，很多人在上面都栽了跟头，交了学费。

### 7.3.3  制订直播计划

要想做好直播，需要规范化、专业化，注意以下三点。

#### 1. 以周为单位制订你的直播计划

薇娅是每天做直播，罗永浩是每周做一次直播，不同的人情况不同，策略不同，计划也会不同。你要根据自身情况制订直播计划，提前规划好直播时间、直播平台、直播脚本、物料等。

以下是我们一个会员企业的直播计划。每周更新直播计划，从周一到周日，每天 19：00 ~ 20：00，由不同的主播来做分享，每次讲不同的主题。

| 日期 | 时间 | 主播 | 主题 | 目标 | 工具 | 备注 |
|------|------|------|------|------|------|------|
| 周一 | 19：00 ~ 20：00 | 李工 | 如何选择儿童房色调 | 种草 + 获取种子用户 | 腾讯直播 | |
| 周二 | 19：00 ~ 20：00 | 张设计师 | 如何刷墙最平整 | 促销爆品1000 单 | 腾讯直播 | |
| 周三 | 19：00 ~ 20：00 | 王五 | ××× | ××× | ××× | |
| 周四 | 19：00 ~ 20：00 | 马老师 | ××× | ××× | ××× | |
| 周五 | 19：00 ~ 20：00 | 周工 | ××× | ××× | ××× | |
| 周六 | 19：00 ~ 20：00 | 钱老师 | ××× | ××× | ××× | |
| 周日 | 19：00 ~ 20：00 | 赵云 | ××× | ××× | ××× | |

#### 2. 直播要遵循总体的营销策略

前面我们讲过，社群营销四部曲为：引流、沉淀、成交、裂变。

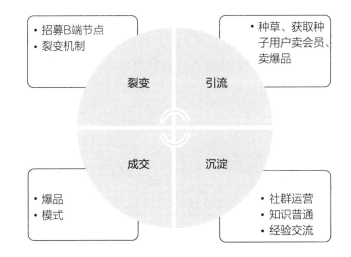

作为一个重要手段，直播其实是为营销流程服务的。如果当前营销的核心是引流，那么本次直播就要瞄准引流，设计各种奖励、游戏等，不停地渲染氛围，推出奖品，刺激大家转发扩散，吸引更多的人到直播间，同时加上种草，尽量留住观众，获得种子用户。

如果当前营销的核心是沉淀，那么本次直播就要瞄准沉淀用户，直播主题应该是知识的普及，经验的交流，建立和观众之间的信任感，而不能是直接卖货。

如果当前营销的核心是成交，那么本次直播就要瞄准成交转化，设计好超值的、令人无法拒绝的成交主张，推出爆品，加上优惠券、秒杀、限时限量、超级赠品、零风险承诺等手段，促进大量成交。

如果当前营销的核心是裂变，那么本次直播就要瞄准裂变用户，介绍你的分销机制，案例见证，招募大量 B 端节点，并引发口碑传播。

直播到底怎么做，一定要和你的营销流程和营销策略匹配起来。

### 3. 不同场次的直播之间要有关联

直播越来越常态化，企业要把直播作为自己例行的营销手段，从一个较长的生命周期来看直播，其实它更像是一部电视连续剧。要从电视剧的角度去策划和设计直播，而不仅仅是一个 5 分钟的表演。

电视剧每集之间是互相关联的，每集结尾会留一个悬念，吸引观众看下一集，直播也是如此，不同场次的直播之间要有关联，互相促进，前后呼应，不要做成一场场毫无关联的直播。

### 7.3.4　启动直播

根据制订的直播计划落地一场场直播。

请注意，直播一定要有直播脚本，就像拍电影一样，要有编剧把剧本写出来。针对每一次直播，要事先做出脚本，明确每个环节、每个细节说什么、做什么，以便直播顺畅进行，收到理想的效果。

直播脚本有很多形式，建议用表格的方式把脚本写出来。

#### 1．直播前

可参考下面的模板，做好直播前的准备。

| 阶段 | 事项 | 要点 | 作用 | 道具/方法 | 时间（分钟） |
|---|---|---|---|---|---|
| 直播前 | 明确主题 | 是种草还是爆品销售 | 针对不同主题做不同的准备 | | |
| | 准备素材 | 准备好直播所需素材 | 用于扩散宣传以及沉淀用户 | 直播海报、打印在大白纸上的微信号、微信群二维码等 | |
| | 准备物料 | 准备好要用到的物料 | | 工作台、背景板、样品、器皿、产品等 | |
| | 确定形式 | 确定采用的直播形式 | | 是"单口相声"还是"二人转"或者其他形式 | |
| | 互动设置 | 直播时和观众互动以塑造氛围 | 提高人气，烘托氛围 | 人气达到 500 第一次抽奖，达到 1000 第二次抽奖 | |
| | | | | 展示客服二维码，前 30 位私信客服的可获得神秘奖品 | |
| | | | | 添加客服二维码可领取优惠券 | |
| | | | | 助力榜前 5 名有超值奖品 | |

第一，明确直播的主题，准备好相应的素材。比如说直播的时候，我们希望能吸引别人加入我们的微信群，那么就要事先建好微信群，把群二维码打印到大白纸上，在直播的时候呈现出来，当然也可以直接把二维码展示在直播间右上角。

第二，准备物料，比如工作台、背景板、样品等。比如说你要卖一款饮料，你是不是要摆几瓶在你的桌子上，直播的时候拧开盖子现场喝，并分享实际的感受？如果卖的是衣服，自己或模特现场穿上；如果卖的是食品，现场吃；如果卖的是化妆品，现场抹在脸上；如果卖的是剃须刀，那就现场刮胡子。这样会极大地提升场景感和信任度，从而提升转化率。

第三，确定形式，可以是"单口相声"，也可以是"二人转"，或其他形式。比如在众生活的直播擂台赛中，直播形式也是五花八门，多种多样。

第四，你要想好怎样和观众互动，怎样能吸引更多人帮你转发扩散。一个常用的办法就是抽奖。比如和观众约定当直播间的人气达到 5000 的时候，我们做第一次抽奖，请大家赶紧扩散转发，这就是用抽奖来刺激转发。当然还有很多方式，比如优惠券、发红包、助力榜等，总之就是通过和用户的互动来营造氛围，提高人气。

### 2. 直播中

直播中你要讲什么内容，这个是核心，下表是我们整理的一个直播脚本模板，仅供参考。

主要包括自我介绍、揭示痛点、导入产品、现场演示、案例见证、今天的活动等，然后有问题的话做一下解答，最后做一个收尾，对大家表示感谢，然后承诺我们明天将及时发货，顺丰包邮到家等。

中间要注意做好互动环节，引发扩散和裂变，增加直播间人气，同时引导大家加微信或入群，便于用户沉淀。

| 阶段 | 事项 | 要点 | 作用 | 道具 | 时间（分钟） |
|---|---|---|---|---|---|
| 直播中 | 自我介绍 | 介绍姓名、城市、身份、头衔等 | 让观众初步认识你 | | 3 |
| | 揭示痛点 | 用一个故事揭示与主题相关的某个痛点，比如直播的是美容产品，就讲美容中的痛点，最好是亲身经历的 | 引入场景 | 布置好场景，简洁大方即可，包括工作台、背景板、样品、直播灯等 | 5 |
| | 导入产品 | 继续讲故事，产品是如何解决痛点的 | 建立代入感 | | 5 |
| | 解释原因 | 为什么能解决痛点？卖出品牌力和产品力，品牌的创建历史、典型故事等，产品的功能性能等 | 增进信任 | | 15 |
| | 现场演示 | 现场演示如何使用，如果是食物就现场吃，饮料就现场喝，衣服就现场穿 | 塑造现场体验感、场景感 | | 15 |
| | 案例见证 | 介绍除此之外的两三个典型案例 | 让案例为你证明，进一步增进信任 | 如果案例中的人能到场最好；如果不能到场，则可以展示其他人的照片，增强真实感 | 10 |
| | 今天的活动 | 今天的优惠活动，比如秒杀、优惠、拼团等，进一步刺激购买欲望 | 引导转化 | | 5 |
| | 问题交流 | 回答观众的典型问题，答案过不确定的、容易有争议问题可跳过 | 解疑答惑 | 布置好场景，简洁大方即可，包括工作台、背景板、样品、直播灯等 | 5 |
| | 收尾 | 表示感谢承诺及时发货引导大家加入我们的品质生活群 | 让观众和购买者放心 | | 3 |

### 7.3.5  播后管理

完成直播并不是直播的结束，还要做好播后管理，主要包括下面几项：沉淀用户、兑现承诺、复盘总结、准备下次直播。

| 阶段 | 事项 | 要点 | 作用 |
|---|---|---|---|
| 直播后 | 沉淀用户 | 对于添加你为好友的，打个招呼；对于加入微信群的，在群内交流和运营 | 构建社群，打造私域 |
|  | 兑现承诺 | 发奖品、发货等 |  |
|  | 复盘总结 | 总结好坏，制订改进计划 |  |
|  | 准备下次直播 | 制订直播计划 | 持续迭代，不断改进 |

提到直播，很多人都会问一个问题：直播到底有没有用？

之所以会有这样的疑问，是因为一个词：直播难民。

很多人看到别人做直播做得风风火火，加上媒体的各种宣传，于是就兴冲冲地开通直播，结果很快会发现，好像不是那么回事，这里面有太多的问题。开了直播，但是没有人看，好不容易来了几个人，但是没人聊，没人买，自己的用户很快被其他更有名的大主播吸引走，直播间人去楼空，沦为了"直播难民"。90%以上的小伙伴开通直播之后，都会面临这样的境况。

其实直播只是一个工具和手段，决定成败的是整个环节，包括供应链、品牌力、产品力、价格、促销手段、人群基础等多种因素。

提醒大家，千万不要盲目跟风，很多企业没有自己的体系，总是处于盲目跟风的状态，看到别人说直播火就去盲目开通直播，结果自然不理想。

> 直播不是你的救命稻草，私域流量才是。
> 私域流量是你的护城河、发动机和保护伞。

记住：

如果你有足够的私域流量，事情就会很简单，不管你怎么做，总会有人购买，甚至你不做直播，在群里发一条信息都会有人购买。直播只是一个更加场景化的工具而已。

还记得我们第 2 章中介绍的案例吧？

包括茵曼服装、品乐家、居然之家，线下的流量断了没关系，它们有私域流量，平时对用户进行运营和维护，建立了客户关系，所以迅速地构建了社群，开通了一个新的通道，把线下用户引到线上去，照样可以卖得很好。这就是因为你有了私域流量，形成了你的护城河和保护伞，别人抢不走。不管遇到什么样的黑天鹅事件，你都能活得很好。所以又回到我们说过的两句话：

凡是不能直接触达用户的，都会很惨。

凡是能直接触达户、注重用户运营的，都会有转机，甚至是逆势增长。

那么，如何构建我们的私域流量呢？如何从零开始打造社群呢？怎样做好社群运营、保持社群持续发展呢？如何能通过社群建立和用户的关系呢？如何能打通社群通道呢？

这些我们将在第 8 章：直播社群新零售落地之用社群构建私域流量中详细介绍。

## 本章要点

- 私域流量实际上已经超出了流量的范畴，它不只是流量，不只是一个个冷冰冰的电话号码、冷冰冰的微信号，它的背后是一个个有血有肉的人、信任你的人。

- 做私域流量的核心不是让用户进入你的微信群，而是让你的产品和人品进入用户的心智。

- 社群思维是用户思维，只有也必须尊重用户，把用户放到第一位，把用户需求和痛点作为一切动作的出发点和指挥棒，才是正确的做法。

- 公域流量和私域流量的运营逻辑是完全不同的，公域流量是从多到少，正漏斗形，私域流量是从少到多，一个反漏斗形。

- 公域和私域并行，公域引流，私域变现；公域靠抢，私域靠养。
- 不要用养的办法做公域，更不要用抢的办法做私域。
- 从种子用户成长起来的节点是最好的 B 端节点。
- 引流的目的是沉淀和转化，没有沉淀的引流是无效的。
- 三种最给力的引流活动：搞比赛、造节日、做测评。
- 直播如果和社群失联，则没有价值；直播如果和新零售不能无缝衔接，则没有意义。
- 直播和新零售必须无缝衔接，通过转发直播间可以绑定新零售商城的推荐关系，并且让推荐人获得收益。
- 玩转直播的正确流程：确定主播人选、选择直播工具、制订直播计划、启动直播、播后管理。
- 创始人是主播的最佳人选。
- 直播不是你的救命稻草，私域流量才是。
- 私域流量是你的护城河、发动机和保护伞。

# 第8章
# 直播社群新零售落地之
# 如何用社群构建私域流量

▼

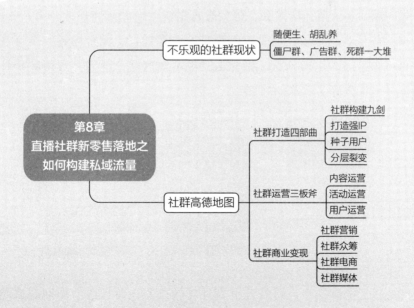

## 8.1  不乐观的社群现状

如何构建私域流量呢？

社群是最佳方式。但是，社群的现状并不乐观。

线上的 qq 群、微信群，以及线下的校友会、同乡会、俱乐部、商会、智库等，都会经历这样一个生命周期：一开始成立时大家热情高涨，组织各种活动各种聚会，恨不得把群当作自己的家，把群友当作兄弟姐妹，但当热情消失后，一切恢复平静，群也很快沦为了僵尸群，还有些群沦为了广告群、死群。

做一场活动、搞一次聚会，都会有人组织大家面对面建群，美其名曰建立社群，群是建起来了，但是没人维护。没有规则、没有内容、没有互动，大家都不知道在群里说什么、做什么，也不知道这个群的商业闭环是什么，很快就变成了死群。

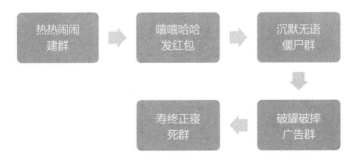

90% 以上的群都在经历从建群到死群的过程，而且这个周期越来越短，从以前的三个月到一个月到现在的一周，甚至建群后，如果 3 天内没有价值

输出，大家就会纷纷退群。

　　再看看自己手机里面的微信群，不管是自己的，还是别人的，绝大多数是不是都处于这样的窘境？

　　微信群太多　僵尸一大堆
　　不会聊天　都在发广告
　　没人响应　互相不信任
　　不好意思退群　不会运营
　　找不到人运营　坚持不下去

　　每个人都有很多微信群，
　　但每个人都缺一个高质量的微信群。

　　为什么会这样呢？

　　如果拿养育孩子来做比喻，**社群构建相当于生孩子，社群运营群相当于养孩子**。生孩子之前，我们都知道要优生优育，戒烟戒酒，锻炼身体，定期检查，补充营养，目的是给胎儿提供最好的环境，生育出聪明、健康、漂亮的宝宝。孩子出生后，我们知道请专业的育婴师，针对孩子的情况制定喂养、运动方案，全家齐上阵，为孩子提供健康成长的环境。

　　如果社群也是一个孩子的话，那么90%以上的社群完全没有享受到优生优育的待遇，基本上是随便生、胡乱养，在建设之初就营养不良，还怎么能指望它健康成长呢？

　　要想社群长寿，需要赋予它长寿的基因和良好的成长环境，也就是要做好社群的构建和运营。

　　**孩子需要优生优育，社群也是。**

## 8.2　社群高德地图

那么，如何从零开始做好社群呢？

刚接触社群时，很多企业会无所适从，明明知道社群很重要，但就是不知道这条路该怎么走，无从下手，心里没底。就像一个人到了一个陌生的城市，想要从 A 点到 B 点，但是不知道该往哪个方向走，不知道中间会有多少岔路，不知道哪条路堵车哪条路顺畅。幸好有高德地图和百度地图，能为我们提供地图和导航，告诉我们哪里有红绿灯哪里有拥堵，如何能够顺畅地到达目的地。社群该怎么做，社群的这条路怎么走，有没有一个清晰的地图和精准的导航呢？是否能指导我们按照路线一步步向前走，直达最终目的地呢？

通过这几年的社群商业实践和研究，总结不同项目落地的经验和教训，学习同行们的经验，我们总结出了一个地图，称为**社群高德地图**。无论是企业想通过社群转型升级、实现社群化，还是个人想从头开始打造和运营社群，这个地图都可以为你提供清晰的行动路线和指导，告诉你第一步是什么，第二步是什么……告诉你如何快速地从第一步到第二步最终到达目的地。

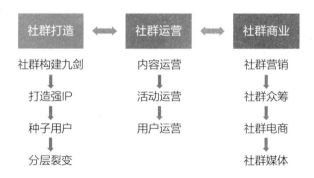

社群高德地图分为三个阶段：社群打造、社群运营和社群商业。拿养育孩子的过程来比喻的话，社群打造是从 0 到 1，相当于生孩子的过程；社群运

营是从 1 到 10，相当于养孩子的过程；社群商业是从 10 到无穷，孩子长大成人了，有了自己的独立思想和人格，开始成家立业，按照自己的理想去拼搏，追逐自己的梦想。

以上三个阶段是地图的第一层，下面继续拆解到第二层，其实还有第三层——具体的方法和技术以及第四层——工具和模板，在后文中会陆续讲到。

社群打造分为四个步骤，我们称之为社群打造四部曲：社群构建九剑、打造强 IP、种子用户、分层裂变。社群运营分为三个板块：内容运营、活动运营、用户运营，我们称之为社群运营三板斧。随着社群的运营，群内的链接越来越强，信任度和情感越来越深，社群商业就是水到渠成的事情，和社群新零售的第三层"平台化运作"是同样的道理。社群商业的形式有多种，比如社群营销、社群众筹、社群电商、社群媒体等。

> 开车需要高德地图，做社群需要社群高德地图。
>
> 社群高德地图分为三个阶段：社群打造、社群运营和社
>
> 群商业。

问你一个问题，看到社群高德地图后，其中哪个关键词一下子就吸引了你的眼球？你看到哪个关键词心里怦然一动？请你给出答案。

我知道大家的答案肯定是不一样的，有的人会选社群营销，因为好像能马上赚到钱。有的人会选分层裂变，因为我们控制不住自己对于数量的追求，希望用户能像变魔术一样，一下子从 100 变到 1 万甚至 100 万。有的人会选打造强 IP，希望自己能一夜成名。当然有的人会选其他的选项，没有对错。需要提醒大家的是，这个地图给出的是一个流程和路径，像多米诺骨牌一样，第一块倒了，后面的就会依次倒下；如果中间拿掉了几块，骨牌就会断掉。

比如你想盖楼，你说我只要第 8 层楼，那层楼最漂亮，不要下面的，这

就是空中楼阁。做社群也是如此，很多人上来就想做社群商业、做转化变现、做社群营销，但是如果没有前面的社群运营，没有打下信任和情感的基础，做社群营销是不会有什么结果的。

企业经常会陷入一个误区，觉得自己的产品这么好，为什么就是卖不出去呢？很简单，因为你的信任度没有建立起来，用户不相信你。社群运营的核心价值就是通过互动和链接建立信任和情感。当信任度建立起来，信任的高度超越了成交的门槛后，成交就是水到渠成的事情。

如果没有做好社群构建九剑，你的社群的根基会不稳。如果你没有强IP，就吸引不到种子用户，没有种子用户就无法做分层裂变。社群高德地图，就是多米诺骨牌的流程和路径，你必须沿着路径一步一步往前走，才能够顺利地到达目的地。

社群高德地图的主要内容包括社群构建九剑、打造强IP、种子用户、分层裂变、内容运营等，我们在《社群新零售》中讲过，随着认知和实践的不断深入，我们在每个板块都有些更新和完善。下面针对这些内容做些补充，同样的内容不再赘述，如有需要，建议两本书结合起来一起看。

### 8.2.1　社群构建九剑

经过多年社群运营的实践总结，我们找到了做好社群"优生"的九个要素，称为"社群构建九剑"。如果你希望你的社群基因足够优秀，能够持续发展，就要先考虑清楚这九个要素。

社群构建九剑

一、用户剑
二、痛点剑
三、资源剑
四、定位剑
五、模式剑
六、规则剑
七、归类剑
八、布局剑
九、团队剑

下面详细阐述其中的五个要素。

### 1. 用户剑

用户剑指的是，建一个社群前，首先要考虑清楚要圈定哪些人，哪些人是我们哪怕求也要让他们进来的，哪些人是哪怕他们求我们都不可以让他们进来的。人群越精准，后续的运营动作越有效，结果越好。如果没有门槛、没有人群的细分，谁都能进来，这样的群一定会很快死掉。

很多人建群的误区就是，人越多越好。切记，质量大于数量，精准大于速度。

用户剑遵循的原则为："三近一反"。兴趣相近、地域相近、年龄相近，资源相反。举例来说，华联很重视社群的建设，基于每个购物中心都建了社群，比如天通苑购物中心周边有 12 个小区，他们为每个小区都建了小区群，把里面的居民聚合到一起，这是典型的地域相近。同时他们还建了两个亲子活动群，一个广场舞群，这符合兴趣相近的原则，同时又符合地域相近的原则，因为都是在周边的小区，所以这是一个兴趣相近加地域相近组合的群。在"三近一反"原则中，符合的越多，人群越精准。

用户剑是构建社群的基础，如果你建一个社群前，根本没有考虑清楚要把哪些人加到社群里面，后面不管怎么做都会寸步难行。

### 2. 痛点剑

如何挖掘用户的痛点？

不要相信什么调查问卷，而是找到用户主动发出声音的地方，去收集去整理，同时通过大数据进行验证。分为以下三步：

**首先根据用户剑确定行业关键词。**

比如你的社群用户是创业者，那么关键词可以是创业。你的社群用户是宝妈，那么关键词可以是育儿、早教。你的社群用户是企业老板，那么关键词可以是营销、赚钱、渠道。

**然后搜索关键词。**

到这些人发声的论坛、网站，输入以上关键词，收集他们主动发出的声音，其中包含的需求和痛点是最真实、你最需要关注的内容。

**最后通过大数据进行验证。**

通过百度指数、微信指数等平台，输入以上关键词，通过大数据进一步验证需求和痛点，得到确认或者优化。

假设想做创业者社群，基于"创业"这个关键词，在百度知道、百度贴吧、微信、知乎等平台搜索。如下：

可以看到，主要的问题集中在：创业该如何起步？创业从哪里开始？有什么靠谱的项目？这就反映了一个集中的需求和痛点。

然后，在百度指数等大数据平台搜索同样的关键词，验证结果。

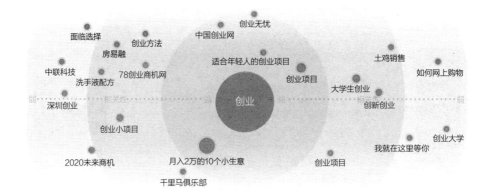

可以看到，百度指数中和创业强相关的关键词有：创业项目、适合年轻人的创业项目、月入 2 万元的 10 个小生意，显然和上面百度知道、微信等收集的结果是一致的，用户的需求和痛点就进一步得到了验证。

以上就是确定痛点剑的重要方法。

### 3. 定位剑

《社群新零售》一书中讲过，社群的定位，就是基于资源剑和痛点剑的交叉点，并且给出了具体的方法。

如何将社群的定位提炼成一句话呢？给出一个社群定位公式：

> 社群定位公式：
> 人群词（用户剑）+动作词（模式剑）+类型词（属性）

比如以下社群。

碳 9 社群：创业者的深度学习社群。

南极圈：腾讯离职员工聚集地。

辣妈帮：妈妈们的社交平台。

醋客公社：中年企业家的心灵家园。

众生活：实体企业的社群赋能平台。

以上社群的定位都是满足这个公式的。通过这样一句话，可以非常简洁、清晰地把社群定位提炼出来，让别人一看就明白、理解。这个公式会有助于大家快速提炼社群定位，特别是对于新手。当然不要僵化，不必局限于这个公式。

另外，很多人做社群会陷入一个误区：首先考虑社群的名字是什么。绞尽脑汁地想，希望这个名字有趣，还要考虑这个名字有没有被注册，翻来覆去地想，可能一个月就过去了，最后好不容易憋出一个自认为不错的名字，接下来去做社群定位时发现，这个社群名字和定位根本就不匹配。所以做社群的时候，你首先要考虑的不是社群的名字，而是社群的用户剑、痛点剑和定位剑，特别是定位剑。这几个确定后再去想社群名字，包括社群口号、标识等，这样才能完全匹配起来。

### 4．规则剑

规则剑指的是制定社群成员需要遵守的规则。

如果非要在九剑中找最不重要的那把剑，我认为就是规则剑。

例如，我们众生活的社群其实是没有明确的规则的，但是大家在群里面都知道该做什么，不该做什么。靠的是什么？是社群的定位和价值观。在众生活社群中，输出内容都是围绕社群、营销、新零售的。大家都知道，众生活社群的价值观是：灰度做人、利他做事，所以那种直接发广告的利己行为是不受欢迎的。

> 社群价值观是最好的社群规则。

### 5．归类剑

问第一个问题，你觉得收费群和免费群，哪种更有价值？

问第二个问题：你的群一般是收费的还是免费的？

针对第一个问题，大部分人给的答案是：收费群。

针对第二个问题，大部分人给的答案是：免费群。

是不是很纠结？

**大家都觉得收费群更有价值，但大部分人都在做免费群。**

为什么呢？不敢收费，怕收费了别人就不加入了。

从某种程度上来讲，收费越高，门槛越高，社群成员的质量就越高，社群的价值就越大。所以社群必须有门槛，没有门槛是把社群做成垃圾群的一个重要原因。不要担心收费后别人不来，而要考虑你的社群是否对群成员有足够大的价值，只要人群精准、价值够大，就可以放心大胆地收费。收费是一个简单直接同时又很有效的门槛。

当然有的小伙伴会说我现在不想收费，觉得收费的时机还不成熟，那可以先不收费，但不可以没有门槛，除了收费外，还可以设置其他门槛，比如转发一条信息到微信朋友圈里才可以入群，邀请三个朋友参加活动才可以进群，等等。

以上对社群构建九剑做了一些重要的补充。最后看一个案例：众生活的社群构建九剑，如下表所示。你可以好好体会下，同时建议你基于这个模板制定你自己的社群构建九剑。这个模板是我们服务企业时的重要工具，希望你能真正地用起来。

| 众生活社群构建九剑 | | | |
| --- | --- | --- | --- |
| 用户剑 | 明确社群成员包括哪些人 | | 实体企业创始人、高管<br>群主、商协会、俱乐部、同学会、网红、大V、主播、团队长 |
| 痛点剑 | 想解决社群成员的什么痛点或需求 | | 搞懂社群，直联用户，增加销量，转型升级 |
| 资源剑 | 社群打造者具有哪些有助于解决上述痛点的资源，如专业、时间、人脉、资金等 | | 完善的社群落地体系，流程＋工具<br>专业团队<br>社群大咖资源 |
| 定位剑 | 明确社群的定位和目标 | 社群名称 | 众生活 |
| | | 社群定位 | 实体企业的社群赋能平台 |
| | | 社群目标 | 链接一万人，落地一万个项目，影响一亿人 |
| | | 社群价值观 | 灰度做人，利他做事 |
| | | 社群口号 | 链接一万人，一起众生活 |

（续）

| 众生活社群构建九剑 | | | |
|---|---|---|---|
| 模式剑 | 要做什么，用什么方式解决用户痛点 | | 知识赋能（52 节课程 + 每周答疑 + 每月实战营），实践赋能（每月直播擂台赛），渠道赋能（线上线下路演和渠道对接，跑车计划） |
| 规则剑 | 社群成员需遵循的规则，如建群规则、活动规则等 | | 略 |
| 归类剑 | 社群的分类 | 收费还是免费 | 收费，会员费 999 元/年 |
| | | 兴趣群、需求群、地域群 | 需求 + 地域 |
| 布局剑 | 社群的顶层设计和架构 | 区域分布 | 全国 |
| | | 层次结构 | 三层：班委会群 + 各地会员群 + 会员自己的群 |
| 团队剑 | 运营社群的团队组成 | 内容官 | 夏天 |
| | | 信息官 | 富足 |

## 8.2.2　打造强 IP

### 8.2.2.1　强 IP 的巨大价值

今天是个 IP 的时代。不管是品牌、产品还是个人，都要有意识地打造自己的 IP。

成为一个强 IP，具有三个层面的价值。

**第一，让别人知道你是做什么的。**

买衣服的时候，大家会看上面的商标，贴上一个耐克的商标，价格就完全不一样了。我们每个人也需要有自己的商标，就是我们的个人 IP，但是很遗憾，90% 以上的人根本没有这个意识和概念，也从来没有想过怎样打造自己的个人 IP。打造强 IP 的作用，相当于给你贴上了与众不同的商标，让你从千万人中脱颖而出，让别人一眼就能认出你来。

**第二，让别人相信你。**

你贴上了商标，而且通过优秀的表现让别人认可你、相信你。

**第三，让别人有这方面需求的时候，首先想到你。**

如果你是美容方面的强 IP，那么当别人有美容方面的问题或者需要美容产品时，第一时间想到的就是你。如果你是旅游方面的强 IP，那么当别人想出去旅游的时候，第一时间想到的就是你，找你来咨询路线和安排。如果你是教育方面的强 IP，那么当别人希望提升孩子学习成绩的时候，第一时间想到的就是你。你的强 IP 会自动为你带来源源不断的用户。

在我们众生活社群中，涌现出了越来越多的强 IP。比如大师兄、大诗姐、大地主、大管家，比如在北京平谷有桃园的桃子妹妹、做景德镇高端瓷筷的筷子姑娘、做青少年视力保护的明亮哥、王的衣架的娃总、空中美容院的福匠、果汁王子、小马哥等。再比如巴马村村长王子蓉。王子蓉做的是大健康项目，大家都知道巴马村是长寿村，所以她的社群就叫巴马村，自己的 IP 就是巴马村村长。大家有了 IP 的意识，就会想办法持续打造个人的 IP，逐渐形成自己的 IP 矩阵。

如何打造强 IP 呢？需要三个要素、四个步骤。

### 8.2.2.2　打造强 IP 的三个要素

首先看三个要素：标签、内容、势能。

$$IP=标签 \times 内容 \times 势能$$

**第一个是标签。**

标签就相当于衣服的商标，你跟别人有什么不一样，就是通过标签来识别。

**第二个是内容。**

内容是对标签的支撑，比如我们经常看到"×××第一人"这样的标签，用第一人来标识自己。你给自己贴这样一个标签是可以的，但问题是你能不能把这个标签给支撑起来？你说你是实体店营销第一人，那么你有没有开过实体店，有没有帮实体店做出特别成功的营销案例，有没有写过这方面的专业书籍，有没有发表过专业文章，这些都是对标签的支撑。你有这些内容，别人才能相信你真的是这方面的第一人，你的标签才能立得住，否则会让人觉得假大空。

**第三个是势能。**

有了内容，但还是自己说自己的好。自己说自己 100 句好，不如别人说自己 1 句好。所以我们还需要借助别人的嘴说自己的好，这就是造势。

总结下，打造强 IP 有三个要素，标签为王，内容为后，势能为将。

### 8.2.2.3　打造强 IP 的四个步骤

第一步找定位，第二步贴标签，第三步放内容，第四步借势能。

**第一步找定位。**

每个人其实都有自己的优势，找到自己所擅长的一个重度垂直的领域，哪怕是一个特别细分的点，然后在这个领域里面卡位，成为其中的第一或者唯一，并用一句话或者一个词语把你的定位提炼出来形成标签，这样就完成了找定位的工作。

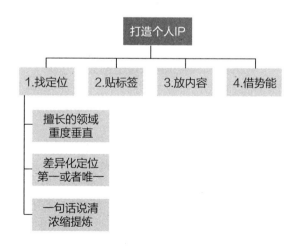

很多人会说我不知道怎么去找，我感觉自己没有什么优势。其实刚才也说了，每个人都有自己的优势，都有自己擅长的领域，问题是你有没有注意观察，有没有把这些优势提炼出来。要想清楚三个问题：你是谁？你能做什么？你和别人的差异是什么？

你是不是某方面的意见领袖？大家平时在遇到某方面问题的时候会不会主动找你解决？不管是什么细分行业，只要你成为意见领袖，就能够去打造自己的强 IP。有人说了，我什么都不擅长，我就擅长吃，这也没问题。纪录片《舌尖上的中国》多么引人关注，如果你能针对不同类型的人，做出最合适的饮食搭配，通过文章、视频、直播等方式来展现，那么你就可以成为别人眼中的美食达人，可以聚集很多粉丝，从而打造出自己的强 IP。

找出自己在某个领域的优势后，如何提炼个人定位呢？给你一个定位模板：

**形容词 + 差异词 + 行业词 + 身份词。**

比如，从业 5 年的社群老兵。

这里没有差异词，并不是说 4 个词都要完全具备，从业 5 年是形容词，社群是行业词，老兵是身份词。

再比如，经验丰富的电视媒体人。

这是我们众生活的成员赵宇的一句话定位。赵宇以前在央视工作，后来去了农业农村部，目前在歌华有线，一直在电视媒体这个圈子里面，提炼出来就是经验丰富的电视媒体人。

另外还有出生于贵州的酱香白酒品鉴专家、值得信赖的美容整形医生等，这些都是基于这个定位模板所提炼出来的个人定位。

基于你的独特优势和经历，比如在哪个行业或领域，做了哪些事情，有哪方面特别擅长，你可以通过这个模板把个人定位用一句话提炼出来。

但是还不够，这样的一句话通常独特性不够强，也不大容易被记住，还需要进一步去提炼，把它浓缩为一个词或者一个短语，这就是标签。标签要非常个性化，和你这个人能够紧密挂钩，符合我们之前所说的：有用、"有毒"。

当然这不是一件简单的事，甚至可以说是挺难的事，很多人可能从来没有想过自己的标签，很多人一辈子也从来没有想过自己和别人到底有什么不同。怎样提炼个人标签呢？推荐一个办法就是头脑风暴。找到 5 ~ 10 个对你有一定了解的朋友，然后到一个房间里面，或者采取线上会议的形式，大家开始头脑风暴，让每个人基于你的情况和特点提出自己认可的标签，在互相激发互相碰撞中，有可能会总结出一个特别棒的标签。

比如前面说的经验丰富的电视媒体人赵宇。在头脑风暴时，我提出了媒人，赵宇在前面加了一个"宇"字，于是标签出来了，就叫"宇媒人"，里面既有她的行业特征，又有她的名字中的一个字，又和虞美人谐音，还是很不错的。

我们的会员，大兵哥的创始人孙爱芳，做的项目是退伍军人的就业创业服务，本来给自己的标签是"退伍军人就业指导专家"，这个标签有用，但是很不利于传播和记忆。后来我给她换了新的标签：大兵哥的小姐姐。大和小对应，哥和姐对应，又包含她的品牌名，很合适。

**第二步贴标签。**

标签有了，下一步就是要贴在身上。当然这样的标签不能像衣服的商标一样贴在衣服上，怎么贴呢？在网络上所有你的名字出现的地方，贴上你的标签，和你的名字紧密联系起来。比如说我的标签是"开路袁帅"，我在抖音、头条、微博等平台的名字都是"袁海涛开路袁帅"。这样的话，别人每次看到我的名字，就同时看到了我的标签，他对我的认知就会更加清晰。

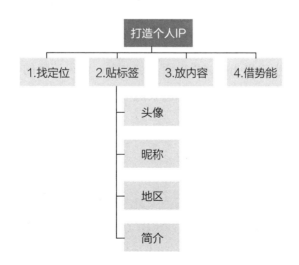

　　下面是一个微信群的截图，看一下这些微信名称和头像，名称中有中文、有英文、有中英文相结合，有数字，还有火星文。头像中有真人头像、有太阳、有风景、有印章、有汽车、有植物、有小动物、有小朋友，五花八门。能看出他们的个人标签和 IP 吗？完全不能。

　　请检查下你自己的头像和昵称，尽快为自己贴上正确的标签。

第三步放内容。

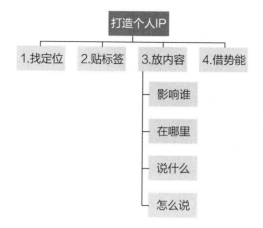

贴了标签后，如何让别人相信呢？靠内容。你可以按照以下步骤思考和行动。

- 我要影响哪些人？
- 他们在我的细分领域中通常会有哪些问题？
- 他们遇到这些问题会去什么地方寻找解决方案？
- 找到这些地方如行业论坛、专业网站、垂直 App 等，发表有用的内容。
- 按照计划去做，持续累积到爆发。
- 内容要体系化（为什么、是什么、怎么做）。

第四步借势能。

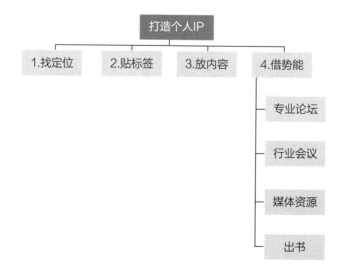

通过专业的论坛、行业会议、媒体资源来借势和造势，其中出书是一个特别有效的手段。

从 2016 年开始我们陆续出版了几本书，2016 年出版了《社群众筹》，2017 年出版了《手把手教你做众筹》，2019 年出版了《社群新零售》。下面是编委会名单。

包括你正在看的这本书也是如此。除了我以外，还有几十个人分别作为副主编、编委加入，包括众生活的部分 VIP 会员、社群新零售商学院的各分院院长、项目合作伙伴等。通过这本书，不只打造我的个人 IP，还能帮更多人打造 IP。

出书最大的价值在于"卡位"。我第一次提出了"社群新零售"这个概念，提炼出了社群新零售体系，做了社群新零售方面的企业案例，并且把这些内容整理出了书，这样就实现了我在"社群新零售"领域的卡位。我的名字和社群新零售已经紧紧地绑定到了一起，提到社群新零售，就会想到"袁海涛"。

以上讲的是如何打造个人 IP，非常关键，因为今天就是一个 IP 的时代，IP 也是获得流量、提高转化率的有效方法，未来没有 IP 可能会寸步难行。

## 8.2.3　种子用户

种子用户，就是在产品早期愿意和开发者或者运营者进行互动，对产品充满期待，对产品迭代和发展起着重要作用的用户。

经营种子用户要做好三个动作。

（1）瞄准你的种子用户。

（2）吸引你的种子用户。

（3）运营你的种子用户。

经营种子用户容易出现的问题。

（1）没有细分，随便拉人做种子用户。

（2）没有筛选，把初期用户当作了种子用户。

（3）盲目追求数量。

种子用户的质量要比数量重要得多，一般 50～150 个是比较适合的数量，千万不要盲目追求数量。

（4）跨过种子期直接裂变导致崩盘。

种子期无论是对于产品还是社群都是非常重要的，但也恰恰是不被重视的。大家普遍没有种子期的概念，喜欢追求速度。

种子期的核心作用是：验证产品。对于社群来说，就是验证你的模式是否真的对群成员有价值。正确的做法是，快速做出最小化可行产品，给部分用户试用，收集用户的反馈，用最快的速度迭代产品，做升级优化，再给部分用户试用，再次升级优化，直到最后定型。

## 8.2.4　分层裂变

如何做分层裂变呢？可按照以下的步骤一步步推进。

### 1．明确裂变目标

本次裂变是为了打造 IP、获得潜在用户，还是扩大微信群规模？具体的数字是多少？对于不同的目标，需要设计不同的流程和机制。

### 2．设置裂变机制

裂变机制指的是诱发裂变的规则。

比如拼多多，一件衣服原价 99 元，你找 2 个人，加上你共 3 人，3 人一起拼团，就可以享受 49 元的优惠价格，这就是一个简单的裂变机制。

裂变要想取得好的效果，裂变机制的作用很关键。种子用户是火药，机制就是火苗。要想更好地促进裂变，让火药更充分地爆炸，在设置裂变机制时需要满足三个条件：有面子、有里子、有乐子。

**有面子**，就是让人因为帮你分享裂变，能得到别人的尊重，觉得这个人有品位，比如给其共建人、合伙人、联合发起人、投资人、荣誉公民这样的身份。早期的一些微商为什么被很多人反感？很大程度就是因为不断刷屏，而且发的都是广告，并且还是不知名的小品牌的产品，甚至图片都做得很粗糙。你拿这样的图片让别人帮忙转发裂变，对方都不好意思出手。

**有里子**，就是别人帮你做了转发裂变，能得到什么实际的好处。比如有经济回报。千聊、荔枝微课上有很多在线课程，都使用了分销裂变的方式，比如课程售价 99 元，你可以获得自己的推广海报并通过微信群、朋友圈等途径扩散出去，如果有人看到并购买了课程，你可以获得一定比例的佣金。

这个经济日报一般体现为推荐佣金和团队奖励，而且最好是终生绑定。

**有乐子**，就是分层裂变的过程要设计得有趣。

有个餐厅曾经做过这样的活动，充值 1000 元送 1000 元，送的 1000 元是 10 张代金券，每张 100 元，在餐厅消费时可以抵 100 元现金。充值人自己不能用这 10 张券，可以送给自己的朋友。当朋友来餐厅消费时，超出 100 元的部分需要付现金，只要朋友付现金或者充值，推荐人就可以获得一定的奖励。这是一个线下实体通过优惠券来做分层裂变的例子。

**3. 厘清裂变流程**

本次裂变你想如何做？第一步、第二步……分别做什么，这个就是裂变流程。

比如通过一个免费直播课程做微信群裂变，可以设计这样一个流程：

（1）明确本次裂变的目标，5 个 200 人的群，共 1000 人。

（2）确定直播课程的主题、大纲、老师，制作有吸引力的海报。

（3）设置裂变机制。比如原价 299 元的直播课程，只要邀请 1 位以上的用户进群即可免费学习，同时邀请排行榜前 10 名的人可获得推广大使的荣誉称号以及超级奖品：小米智能运动鞋一双，第一名还有别的奖品。

（4）建第一个群，运营团队进群，通过工具生成带二维码的裂变海报。

（5）运营团队作为种子，通过微信朋友圈、微信群、微信群发等形式开始扩散。

（6）运营团队和大家一起邀请更多人进群。

（7）群内运营，告知大家本群的作用和规则，发布一些有价值、有趣的内容，保持大家对本群的关注。

（8）群满 200 人后，扩散新群二维码，分群。

（9）按照计划启动直播，邀请符合条件的人观看。

（10）直播后，根据裂变机制，颁发荣誉和奖品，并为下一步裂变打下基础。

**4. 确定裂变工具**

分层裂变有多种方式，如微信朋友圈裂变、海报裂变、微信群裂变、微信公众号裂变、小程序裂变、积分裂变、排行榜裂变、拼团裂变、集卡裂变、砍价裂变、优惠券裂变、主副卡裂变等，需要用到一些工具，比如活码工具、海报工具、群管理工具、积分工具等，这些在本书第 9 章有详细的介绍。

**5. 启动裂变**

以上准备工作就绪后，按照裂变流程一步步推进。同时紧密关注进展，如果发现问题要及时调整和优化。

以上介绍的是"社群打造四部曲"，下面接着看社群运营三板斧。

## 8.2.5　内容运营：社群的血液

社群运营才是硬实力。社群运营的价值在于驱动社群状态的变化，构建企业和用户之间的关系。

> 通过社群构建和用户之间的关系，
> 从用户失联到用户直联，从用户链接到用户焊接。

社群运营分为三个板块：内容运营、活动运营和用户运营，我们称为社群运营三板斧。

很多人动不动就发广告、发链接，这些简单粗暴的玩法逐渐被抛弃，精细化运营、深度服务才是王道，才是正确的"养"的姿势。

关于内容运营，需要明确几点。

（1）什么是内容？

（2）做什么内容？

（3）谁来输出内容？

（4）如何做内容运营？

以上在《社群新零售》书中有介绍，本书强调一点：**做什么内容**。

在实践中，很多企业在这一点上都把握不好，费了很大精力，定时定量地输出内容，但还是无法唤醒和激活社群成员，无法达到想要的效果。原因是什么呢？内容本身出了问题。

到底群成员需要的是什么内容呢？

以下是腾讯全球数字大会上的数据，用户对好内容的期待，排名前四的是：专业、生动有趣、实用、丰富。

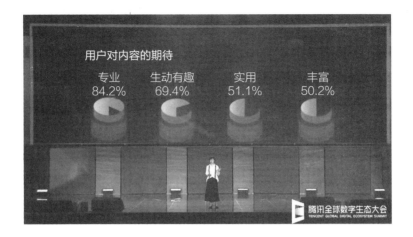

基于以上数据，对应到我们的社群运营中，我们把社群运营的内容（包括内容运营中的具体内容，以及活动运营中的具体活动）分成三类，一个叫主料，一个叫辅料，一个叫调料。主料就是专业的内容，辅料就是实用的内容，调料就是有趣的内容。

| 专业 | 实用 | 有趣 |
| --- | --- | --- |
| • 主料 | • 辅料 | • 调料 |

假设你今天晚上要做饭，你首先考虑的是要炒什么菜，要做什么主食，这些其实就是我们所说的社群运营里面的主料。然后你会再考虑做个什么汤，是鸡蛋西红柿汤、疙瘩汤，还是酸菜汤，这些可以对应到我们社群运营中的辅料。最后你说为了让菜更美味，还要准备一些东西，比如辣椒酱、豆腐乳、大蒜等，这些可以对应社群运营中的调料。

做饭如果没有主料，光有辅料，一大锅汤，那能吃饱吗？如果连汤都没有，只让你吃胡椒粉，那还能吃吗？

举这个例子，是希望你能够充分理解我们说的主料、辅料和调料，清楚到底该如何搭配。很多人都为社群活跃度发愁，其实理解了上面的例子，你就知道了，根本不用担心社群的活跃度，**社群的核心不是活跃度，做社群也不是越活跃越好，核心在于给予用户足够的价值，如果主料足够有价值，根本不**

用担心活跃度的问题。想提高活跃度的时候，在里面加点调料就行了，发红包、打卡、接龙、秒杀、猜谜，这些都是调料。

**社群太闹腾肯定不好，不活跃也不好，社群活跃度该如何平衡呢？**

这是很多人提过的问题。

我们的答复如下。

不管是内容运营还是活动运营，都可以分为主料、辅料和调料，瞄准用户需求，能够为群成员解决问题、提供高价值的内容和活动，适合做主料；能够提升群成员认知的教育类的内容和活动，适合做辅料；能够让群成员轻松愉悦的内容和活动，适合做调料。

正确的做法是三者合理搭配，先做好主料，然后在运营中根据群成员的需求增加辅料和调料，如果没有主料，甚至没有辅料，只有调料，是无法做好社群运营的。

社群运营的核心是价值，而不是活跃度。

怎样做好内容运营呢？很多人做社群都是三天打鱼两天晒网，无法坚持。记住：做社群可以有玩的心态，但要有职业化的做法。

所谓职业化的做法，就是按照流程体系、用项目管理的方式来做。制订你的内容运营计划，分配责任人，定时定点定量地输出内容。

以下是众生活的内容运营计划，当然也在不断优化调整。

众生活内容运营计划

| 序号 | 内容 | 频率 | 形式 | 时间 | 社群阵地 | 责任人 |
|---|---|---|---|---|---|---|
| 1 | 听书分享 | 每天固定一次，早上 8:00 ~ 9:00 为佳 | 夏天的荔枝微课语音 | 上午 8:00 ~ 9:00 为佳 | VIP 群 + 书友会群 + 快闪群 | 轮值群主 |
| 2 | 社群问道 | 1 ~ 2 天一次 | 文字形式，从夏天整理的每周一答中筛选合适的问题 | 中午 12:00 ~ 13:00 晚上 8:00 ~ 10:00 | VIP 群 + 书友会群 + 快闪群 | 轮值群主 |

（续）

| 序号 | 内容 | 频率 | 形式 | 时间 | 社群阵地 | 责任人 |
|---|---|---|---|---|---|---|
| 3 | 每周一答 | 每周一次 | 线上分享 + 答疑 | 周四晚上8点 | VIP 群 + 书友会群 | 轮值群主 |
| 4 | 每周一秀 | 每周一次 | 每周一位，通过文字、图片、语音，介绍自己的项目或产品，或者以私董会形式做问题讨论 | 每周三晚上8点 | VIP 群 + 书友会群 | 轮值群主 |

每天早上有一个听书分享，由负责新媒体的夏天选出对大家有用的图书并录制成音频，每天一段，每天早上 8:00 ~ 9:00 输出。

社群问道，就是会有专人将关于社群方面的典型问题和解答整理成文字，每天中午 12:00 ~ 13:00 或者晚上 8:00 ~ 10:00 发到群里，让大家每天都能有所进步。

每周一答，即每周四晚上的 8:00 做问题的交流解答。

每周一秀，即每周三的晚上 8:00，有一位或者两位会员介绍自己的项目或产品，覆盖众生活所有社群，相当于给大家一个展示自己、对接资源的广告位。

### 8.2.6　活动运营：社群的命脉

活动是社群的命脉，至关重要。关于活动运营，有三个要点。

（1）活动的价值是什么？

（2）做什么活动？

（3）如何做活动？

在《社群新零售》一书中介绍得比较清晰，本书强调一点：

> 每个社群都必须打造自己的品牌活动，
> 每个品牌活动都必须有自己的特色。

比如众生活的品牌活动叫"活桌行动"。

2019 年下半年，众生活在北京、邯郸、天津、沈阳、深圳、杭州等多个城市同步举办"活桌行动"，做了 50 多场，从周六下午 3 点开始，一直到晚上 9 点左右结束。每次大家都玩得很开心，为什么呢？其实这个活动不是让大家疯玩的，我们是真正用社群的方式来做这个活动。

"活桌行动"分为上下半场。上半场是下午 3 点~6 点，主要内容是社群小游戏，让大家先链接，然后做主题分享，再做项目路演、问题交流或者社群私董会，是一个干货的呈现，但不是干巴巴地讲，社群小游戏本身就是促进大家之间的链接。

下半场从下午 6 点开始，AA 制聚餐，在聚餐的环节又有链接的活动，通过敬酒来"活捉"你想认识的人，实现深度链接。一场"活捉"下来，可能你不能认识到现场的所有人，但至少你能认识是谁"活捉"你的，你"活捉"了谁，至少有两个人会形成深度链接关系，这个就已经非常超值了。

我们通过"活桌行动"提炼了一句话，已经成为了大家的口头语，也形成了这个活动的一种文化：

> 活动不拍照，等于瞎胡闹；
> 活动不喝酒，啥都不会有。

在"活桌行动"中基本上都会吃饭和喝酒，当然不会劝酒，不会大吃大喝，主要是通过这种方式来营造氛围，使大家形成深度的链接。

有人会说，我们也在做活动，每周都在做，但是怎么就链接不起来呢？那是因为你的活动做得不到位。我们都参加过很多线下活动，到了现场，听一位专家干巴巴地做两个小时的分享，然后回家，什么都没记住，一个人也没有链接到。这种活动是没有任何意义的。

活动的核心不是知识的分享，而是互动和链接；要用社群的方式来做活动，设计好每个环节，促进大家之间的深度链接，这样才能达到它的效果，别人才会有收获，才会不断地来参加活动。

除了"活桌行动"，众生活还有直播擂台赛、社群新零售实战营、跑车计划等品牌活动，每个活动都有独特的名字，都有相应的规则。

下面是"活桌行动"的一些照片。

要想打造一个活跃的、有价值的社群，其实很简单：**每周做一次有趣的活动就够了。** 策划好一场活动，就要长期化、系列化、定时定点定量地去做。

如果你实在不知道到底该做什么活动，给你个活动参考，可以做以下四类活动。

每日一秀，每周一学，每月一玩，每年一会。

具体的做法在《社群新零售》一书中有介绍，这里不再重复。

> 社群活动运营"四个一"：
> 每日一秀，每周一学，每月一玩，每年一会。

### 8.2.7 用户运营：社群的根基

用户运营缺失是目前社群最大的痛点。关于用户运营，需要做好三点。

（1）收集用户数据。

（2）分析用户数据。

（3）做好分层运营和管理。

具体介绍，可查阅《社群新零售》一书。

**本书强调一点，如何识别不同的用户。**

一般来讲，一个社群中的用户，可分为三类：20%是活跃用户、积极分子，20%是僵尸用户、无价值用户，其余的60%是中间用户。

**对不同类型的用户，不能一视同仁，要分层运营。**

20%的活跃用户是社群最宝贵的资产，要和他们保持紧密的联系和接触，听取他们的声音，根据他们的需求和反馈调整社群运营的方案，充分照顾他们，甚至想办法把他们纳入社群运营团队中来，共创内容，共同运营好社群。

60%的中间用户是可以争取的对象。通过规则制定，吸引他们逐渐参与到社群运营和社群活动中，给予荣誉和利益上的激励，促使他们一步步进化为活跃用户。

对20%的僵尸用户，就不要花太多时间试图唤醒他们了。

那么，如何识别出一个群成员是属于哪种类型呢？

**推荐一个有效的方法：用积分。**

首先，设置积分机制，根据不同的关键行为、不同的贡献，给予不同的积分；其次，通过技术平台自动记录加上手工记录的方式，记录每个人的积分；最后，每周、每月公布积分排行榜，通过积分排行榜，每个人属于哪种类型，就一目了然了。当然，还要制定积分奖励措施，鼓励大家做出我们想要的关键行为，从而促进整个社群的良性发展。

以下是众生活的积分机制。

<table>
<tr><td colspan="2">在众生活，积分就是钱</td></tr>
<tr><td colspan="2">众生活积分机制</td></tr>
<tr><td>积分的作用</td><td>如何获得积分</td></tr>
<tr><td>1.兑换产品</td><td>1.引荐一人进入小程序获得2积分</td></tr>
<tr><td>2.累计300积分升级为高级VIP（第二年免会员费）</td><td>2.引荐一人成为众生活会员获得20积分</td></tr>
<tr><td>3.高级VIP的积分可以分红</td><td>3.发布一篇文章获得20积分</td></tr>
<tr><td>4.积分多的可以上榜荣誉</td><td>4.粉丝有任何消费都可获得相应积分</td></tr>
<tr><td>5.通过积分获得参选班委、产品入驻平台的资格</td><td>5.有特殊贡献可获得积分（轮值群主/主持人/组织活动/提供建议等）</td></tr>
</table>

在众生活新零售平台后台，可以看到积分排行榜，有当前积分、本月积分、上月积分三个维度，如下。

| 当前积分排名 | 本月积分排名 | 上月积分排名 |
| --- | --- | --- |

| 昵称/会员id | 获得积分 | 排名 |
| --- | --- | --- |
| 袁海涛 (12245027) | 296 | 1 |
| 313韩燕如$理才掌门人 (28027655) | 188 | 2 |
| 张大蕊 (31503820) | 174 | 3 |
| 白马营_白羊座 (37889731) | 162 | 4 |
| 夏天 (19493041) | 119 | 5 |
| 富足 (23657185) | 104 | 6 |
| 张泽锦 (34744652) | 100 | 7 |
| 《风中百合》 (37638203) | 70 | 8 |
| 瑾哥哥 (37653213) | 62 | 9 |
| 谷文硕 (36999323) | 54 | 10 |

　　以上就是本章的主要内容，讲的是社群高德地图，包括社群打造四部曲和社群运营三板斧。这是一个经过实践验证的有效路径，是打造私域流量的多米诺骨牌。按照这个流程，结合所介绍的方法和技巧，加上用心的运营，你一定可以打造出战斗力强悍的社群。

　　社群的构建和运营是很细致的事情，需要通过各种方式引流，需要和群成员沟通和交流，需要输出很多内容，需要设计和落地各种活动，对人的要求是很高的。那么，是否能在保证效果的前提下提高运营效率呢？是否能通过有效的引流工具增加用户呢？如何高效地管理多个微信群呢？如何设计好玩有趣的小游戏来提高社群活跃度呢？如何能实现自动裂变呢？

　　这些我们将在第 9 章：社群新零售工具中进行详细介绍。

## 本章要点

- 每个人都有很多微信群，但每个人都缺一个高质量的微信群。
- 如果把社群构建比喻为生孩子，那么社群运营群相当于养孩子。社群最大的问题就是随便生、胡乱养。
- 社群高德地图分为三个阶段：社群打造、社群运营、社群商业。
- 社群打造分为四个步骤：社群构建九剑、打造强 IP、种子用户、分层裂变，我称之为社群打造四部曲。社群运营分为三个板块：内容运营、活动运营、用户运营，我称之为社群运营三板斧。
- 大家都觉得收费群更有价值，但大部分人都在做免费群。
- 要想知道用户的需求，不要相信什么调查问卷，而是找到用户主动发出声音的地方，去收集去整理，同时通过大数据进行验证。
- 社群价值观是最好的社群规则。
- 打造强 IP 的三个要素：标签为王，内容为后，势能为将。
- 打造强 IP 的四个步骤：找定位，贴标签，放内容，借势能。
- 种子期的核心作用是：验证产品。
- 裂变机制的设置需要满足三个条件：有面子、有里子、有乐子。
- 通过社群构建和用户之间的关系，从用户失联到用户直联，从用户链接到用户焊接。

- 社群运营的内容分为主料、辅料和调料。
- 正确的做法是三者合理搭配，先做好主料，然后在运营中根据群成员的需求增加辅料和调料，如果没有主料，甚至没有辅料，只有调料，是无法做好社群运营的。整天吃胡椒粉，既吃不饱又吃不好。
- 社群运营的核心是价值，而不是活跃度。
- 做社群并不是越活跃越好，核心在于给予用户足够的价值，原则就是如果主料足够有价值，根本不用担心活跃度的问题。想增加活跃度的时候，在里面加点调料就行了。
- 每个社群必须打造自己的品牌活动，每个品牌活动必须有自己的特色。
- 活动不拍照，等于瞎胡闹；活动不喝酒，啥都不会有。

Chapter
Nine

———————

# 第 9 章
# 社群新零售工具

▼

　　工具有助于提高效率，我们在《社群新零售》一书中推荐了几款社群运营的工具，下面再推荐几款社群新零售工具。

## 9.1  直播 +新零售工具

在前面章节中已经介绍了：

**直播如果和社群失联，则没有价值；**

**直播如果和新零售不能无缝衔接，则没有意义。**

基于此，我们做了一个直播工具的总结表格，前面章节中已经介绍过了。

新零售的工具包括小程序、微商城、App 等，建议先使用小程序或微商城，容易启动，成本较低，后续有需要时再升级到 App。

**对于新零售工具的选择，可根据以下条件进行评估。**

（1）能做到直播、社群、新零售无缝衔接，可直接沉淀用户，可通过直播绑定推荐关系。

（2）具备强大的营销功能，包括拼团、秒杀、优惠券、积分、红包、砸金蛋、抽奖、拍卖、摇一摇等，最好都具备。

（3）具备多种模式，比如分销、代理、团队奖励等，便于后续模式升级和多种玩法的实现。

（4）有完善、到位的售后服务，提供系统的培训和及时的咨询服务。

（5）能及时、不断地进行升级。

## 9.2　社群管理工具：火把小助手

火把小助手是微信群管理工具，和 Wetool 类似，不过 Wetool 已经停止更新。火把小助手无须下载，加微信号入群即可实现管理。能实现入群欢迎语、群通知、群内自动答疑、群聊保存、成员管理、潜水查询、数据统计、多群管理、专属社群空间等多项功能，该如何开通呢？

火把小助手是按照群的数量收费的，169 元/群，使用期限是一年。随着开通的群数增加，单价会有所降低，也可以按月付费。

购买方式 1：使用计算机，在百度中搜索火把小助手，找到其官网，即可购买。

购买方式 2：使用手机，在微信中搜索火把小助手，进入其微信公众号，即可购买。

| 火把平台版助手部分核心功能 | |
| --- | --- |
| 入群欢迎语 | 新人入群助手自动@他（她）发送欢迎语，支持多条欢迎语内容，间隔时间段随机发送 |
| 自动回复 | 设定群内关键词，触发助手自动回复，打造自动化社群内容知识输出 |
| 定时提醒 | 消息提前预设定时发送，准点发出不会耽误，可设置每天重复提醒（10次/天） |
| 数据统计 | 查看入退群人数、时间数据、发言数、用户活跃度、群友关系链、多群数据、群榜单等数据，支持导出 |
| 群内口令打卡 | 自定义打卡口令，群内输入口令即可快速完成群内打卡 |
| 群精华 | 群内聊天记录生成精华链接永久保存，支持文字、图片、语音、链接、小视频，可反复查阅；群主与群管可进行二次包装，群友可进行评论、分享、点赞等互动 |
| 群积分 | 建立社群积分体系，设置积分等级，支持积分数据导出，利用积分结合奖励开展营销活动，提高群成员参与度 |
| 群内播报 | 群成员邀人播报、签到播报、积分播报、退群播报，抽奖播报，开启后小助手将根据对应指令在群内实施播报 |
| 多群管理 | 借助群联盟可实现多群共同管理及资料共享，如关键词、欢迎语、群精华等；群联盟数据统计、导出，多群管理更高效，数据查看更方便（注：一个小助手管理一个群，多群管理需每个群都配备小助手） |
| 娱乐游戏 | 具备智能聊天、猜成语、猜图片、星座运势、查天气、点歌等众多娱乐游戏，可以活跃群气氛，增进群成员互动 |
| 更多功能 | 具备群抽奖、群签到、群打卡、群活动、群引流、批量通知等更多功能 |

## 9.3　引流工具：附近推

2019 年 10 月 31 日，微信正式上线"附近推"功能，商户通过"附近推"，可将广告投放在以店面为圆心、三公里为半径的潜在到店人群中，获得社交场景曝光和熟人口碑加持，提高种草概率。这不仅给小商户提供了巨型流量平台，而且意味着广告转化率将有所提高。

"附近推"是一款针对本地小商户的小预算、低成本、简单操作、持续不断引流到店的诉求，提供的以发放优惠为主的全套解决方案。

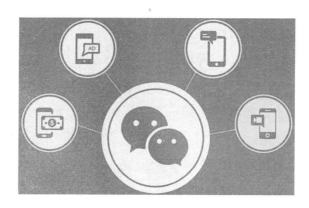

**1."附近推"广告优势**

（1）低成本投放微信朋友圈：套餐式购买，最低 2000 元投放 30 天。

（2）覆盖周边人群：按照地理位置投放门店周边人群，提升客流到店。

（3）按照实际曝光付费：让每一分钱都产生价值。

（4）三步完成广告创建，简单操作，在手机上投广告、查看数据（无须微信公众号）。

总的来说就是成本低、门槛低、小预算、精准营销四大优势。

**2."附近推"适合在什么行业进行投放**

餐饮、运动健身、美发、休闲娱乐、汽车美容、花艺、家政、宠物、培训（学历教育、职业教育）、综合商超/便利店、家装。

**3."附近推"开户所需要的资质**

（1）商家头像。

（2）商家名称以及简介。

（3）法人身份证正反面。

（4）营业执照。

（5）联系方式。

（6）地址。

（7）行业资质。

"附近推"是微信给线下小商户提供的在店铺周边三公里范围内精准投放的微信朋友圈广告，能覆盖周围 30000 个以上的人，适合实体店使用。

**如何开通？**

在微信中搜索小程序：微信广告助手，进入后即可看到。

可点击进去，点击新建账户，输入商家信息，进行资质认证，通过后就可以开通了。

## 9.4　引流 & 运营工具：抽奖助手

抽奖助手是无码科技推出的抽奖工具小程序，适用于年会抽奖、活动抽奖、群抽奖以及微信公众号抽奖等场景，可用于活跃社群氛围，同时可通过高价值的奖品吸引人参与并引发扩散，从而产生引流的效果。

如何使用？

在微信中搜索小程序：抽奖助手。

此外，抽奖大转盘也是类似的小程序。

## 9.5 常用工具汇总和提醒

　　以下是我们整理出来的工具列表，分为引流、裂变和运营三种类型，你可以根据自己的需要，选择适合的工具，以提高工作效率。

| 工具类型 | 工具简介 | 工具名称 | 主要功能 |
|---|---|---|---|
| 引流工具 | 内容引流工具及平台 | 荔枝微课、千聊、知乎live、小鹅通 | 微课，裂变 |
| | 多平台分发工具 | 微小宝 | 文章同步发布到多个平台，如微信公众号、头条号、大鱼号、企鹅号、百家号 |
| | 精准微信群搜索方法 | 微信朋友圈，搜狗、微博、豆瓣、互动吧 | 查找精准微信群并进行引流 |
| | 抽奖、秒杀等营销工具 | 抽奖助手，抽签抽奖大转盘，微分销 | 抽奖引流、活动引流 |

（续）

| 工具类型 | 工具简介 | 工具名称 | 主要功能 |
|---|---|---|---|
| 裂变工具 | 活码工具 | 建群宝、码云、爆汁裂变、任务宝、官推 | 生成活码，自动回复，审核图片，群发 |
| | 裂变海报制作工具 | 创客贴、美图秀秀、微商水印相机 | 图形编辑平面设计工具 |
| | | 大作 | 免费图片素材 |
| 运营工具 | 个人微信号管理工具 | 火把小助手 | 群发，自动回复，自动加好友，清理僵尸好友 |
| | 日常群管理工具 | 火把小助手、小 U 管家、群小助手 | 群发，自动回复，自动加好友，清理僵尸群成员 |
| | 微信朋友圈辅助工具 | 微粉神器 App | 自动发微信朋友圈 |
| | 微信多开工具 | 多开助手、分身大师 | 一部手机开多个微信 |
| | 红包相关工具/小程序 | 包你说、包你 K 歌、颜值红包 | 设置条件发放红包 |
| | 微课相关工具/小程序/平台 | 小鹅通、知识星球、荔枝微课、千聊、知乎 live | 微课、知识分享 |
| | 接龙小程序 | 群接龙、接龙团购、群团购接龙 | 社区团购的接龙、统计和管理 |
| | 打卡小程序 | 小打卡 | 每天早起、每天一句口语、每天一首唐诗、每天一张照片、每日运动 |
| | 投票工具 | 微信后台投票、快投票小程序、小问卷小程序 | 群内投票 |
| | 信息触达工具 | 群里有事、群大师 | 通知、活动、投票、问卷、接龙 |
| | 活动发起工具 | 互动吧、活动行 | 发布活动、报名统计 |
| | 抽奖小程序 | 抽奖助手 | 参与抽奖、发起抽奖、聚集种子用户 |
| | 群内容管理工具 | 一起学堂、微群助手 | 多群直播 |
| | | 微信辟谣助手 | 文章辟谣 |

（续）

| 工具类型 | 工具简介 | 工具名称 | 主要功能 |
|---|---|---|---|
| 运营工具 | 群娱乐工具 | 微友助手 | 智能聊天、成语接龙、讲笑话、生活百科 |
| | 群内问卷/调查/测评工具 | 快投票、群大师 | 投票、报名表、表单、调查问卷 |

关于工具，有两点提醒。

### 1. 能用人工尽量不要用工具

在群不多的情况下，尽量以人工方式做社群运营。

工具可以提高效率，但不能代替人和人之间的沟通和交流，不能代替你建立信任和情感。

没有人喜欢和冷冰冰的机器人对话。

### 2. 遵守规则,避免被封号

必须在规则允许的范围内使用工具，不要挑战腾讯、淘宝等平台的规则，不要用那些带有欺诈性质的工具。

在《社群新零售》一书的基础上，本章补充介绍了几款工具，希望对你有帮助。工具更新换代很快，有的工具会逐渐被新的工具替代，如果你发现了更好的工具，请你告知我们。

以上，我们按照落地流程，介绍了整个直播社群新零售体系，涵盖了四个层面的内容。

从第 1 章开篇，然后第 2 章围绕"为什么"，介绍了企业的困境和应对策略，引出了直播社群新零售体系。第 3 章围绕"是什么"，介绍了社群、社群新零售等基本概念和模式，这两章都属于体系的第一层：**底层逻辑 + 方法论**。

第 4 章围绕"怎么做"，介绍了直播社群新零售的落地流程和路径，属于体系的第二层：**流程 + 路径**。

从第 5 章到第 8 章，根据落地流程，依次介绍了如何打造超级产品、如何设计超级模式、如何获得超级流量、如何通过社群构建私域流量，包含各种具体的方法和细节，属于体系的第三层：**方法＋技巧**。

第9章介绍了常用的社群新零售工具，属于体系的第四层：**工具＋模板**。

在第1章中，我们一块儿登上了热气球，一起升维，然后沿着体系化的路径一步步落地，到现在，终于顺利落地了。我们希望这本书的内容会对你有所启发，也衷心祝愿你的企业能够第一时间找到正确的方向和路径，快速突围。

当然，在实践落地中一定会遇到很多问题，欢迎你和我交流。

扫码添加助理微信即可联系到我。

同时，强烈建议你看下一章中大家提出的问题和对应的答复，包括社群打造问题、社群运营问题、社群营销问题、社群新零售问题，都是众生活成员实际遇到的问题，相信会对你有所启发。

Chapter
Ten

# 第 10 章
# 社群问道

## 10.1 社群新零售相关问题及解答

### 1 普通人打造好个人 IP 再做直播是否行得通?

答:打造个人 IP 需要持续的内容输出 + 借势造势,可能需要 3 个月、6 个月、一年或更长时间,而且还不一定能成为强 IP。

即使真的把自己打造成了强 IP,直播的风口也许已经过去了。

(1) 做任何事情都不要等,不要总觉得没有准备好。

(2) 直播也是打造个人 IP 的一个手段,通过直播介绍你的创业经历、你的故事、你的经验教训等,本身也是在打造个人 IP,是可以并行的,而不是必须是串行的关系。

(3) 这两个没有严格的顺序关系。

### 2 做直播使用的一定是公域流量吗?

答:不一定。

在抖音、快手这些成熟平台上的直播,属于公域直播。

存在如下的问题:

(1) 很难和你的社群打通,很难沉淀为私域流量。

(2) 如果你不是名人、大 V、强 IP,平台不会给你分配什么公域流量,除非花钱购买。

对于普通人来说,基于自己社群资源的私域直播是更好的出路,但速度会比较慢。聚合更多的私域流量形成一个可以共享的大的私域或者局部公域是很好的选择。

公域和私域并行；

公域引流，私域变现；

公域靠抢，私域靠养。

**3** 关于 S2B2C 模式，B 端的社群应该由 S 端来建，C 端的社群由 B 端来做，那么 S 端与 C 端有没有关联？S 端在整合供应链的过程中，要不要做供应商的社群？

答：S2B2C 是分层管理的，B 端的社群一定是 S 端来建的，并做运营和维护。C 端的社群即终端用户社群是由 B 端来打造、构建、运营的，S 端并不直接参与 C 端的社群运营。

但是，S 端和 C 端并不是完全割裂的，S 端要和 B 端一起来服务好 C 端。所以，S 端和 B 端之间有一个非常重要的关系，第一个是赋能，第二个是服务。S 端一定要赋能 B 端，要为 B 端提供充足的子弹，让 B 端可以更好地服务终端用户。

这些赋能和服务包括什么呢？比如 S 端要为 B 端提供系统的培训，包括产品的培训、营销的培训、社群的培训，要让这些 B 端节点知道该怎么样去构建社群，知道这些产品到底适合什么样的用户，怎样推荐合适的产品给合适的用户。

供应商的社群肯定要做，这是由供应链平台来负责的事情。

**4** 以 S2B2C 模式来评估，微商的 S 端到 B 端和 B 端到 C 端是畅通的吗？

答：在 S2B2C 中，可以想象有两条河，一条河里面流的是产品，从 S 端到 B 端到 C 端；另一条流的是用户需求，从 C 端到 B 端到 S 端。

第一条河要想流动顺畅，需要 S 端到 B 端的顺畅和 B 端到 C 端的顺畅。

S 端到 B 端的顺畅，需要 S 端为 B 端赋能，包括品牌赋能、供应链赋能、技术平台赋能等；B 端到 C 端的顺畅，就是代理为终端用户提供到位的服务。

在微商模式中，B 端到 C 端是顺畅的，但 S 端到 B 端的顺畅并不到位。

甚至可以说大部分项目都缺乏一些东西，比如没有品牌力，没有产品力，没有完善的供应链，没有好的模式和技术平台以及自动结算系统，导致 B 端做起来很累。

真正的 S2B2C，S 端要能真正为 B 端赋能，不能缺位。S 端把赋能做好，会更利于 B 端进行推广。如果 B 端对你的品牌根本就没信心，觉得说不定哪天你就倒闭了，所以就只好先赚钱了。

S 端和 B 端是相互成就的，把自己的事情做好，就是最好的赋能。

你的品牌是否有高度和势能？

是顾客一看就相信，还是尽管 B 端不停地解释还是不相信？

你的产品是否高频、刚需、市场大？还是包装良好的垃圾产品？

你是否能及时发货，还是连生产线都没有、无法保证供货？

你是否给 B 端提供了完备的技术支持和培训体系？

……

## 5⃞ 如何做到最低成本的一件定制？

答：关于社群新零售的核心，有一句话是这样说的：扭转供求关系，实现按需定制。

把用户从被动接受，变为主动出击。

企业从主动甚至拍脑袋生产和销售，变为按照用户需求反向定制。

社群新零售的第一层是 S2B2C，这个其实指的是产品流。

产品从哪里来呢？为什么要生产这个产品呢？一定是基于用户需求，所以社群新零售还有另一条线，C2B2S，这个是需求流。

也就是说，B 端通过社群运营，通过和用户的沟通，获取用户的反馈，把握用户的需求和痛点，进行排序，反馈给 S 端供应链。

S 端根据用户的需求，量身定制用户需要的产品，再通过 B 端渠道传递给用户。

这就是反向定制，就是倒逼供应链。

这个说起来容易，实现起来难度很大，对生产线、供应链提出了很高的要求。

如何能实现？这就需要柔性供应链的支撑。

目前在服装行业相对比较先进，以后随着人工智能的发展，会逐步延伸到更多行业。

柔性生产也要有一个过程，先做小批量，比如 5000 件定制、1000 件定制、100 件定制，最后做到 1 件定制。

2019 年 3 月，我们带着四川的 20 多位企业家去了青岛，参观了两家企业。大家可以猜猜，是哪两家？

答案是：海尔，酷特云蓝（原名青岛红领）。

海尔不用多说，大家都熟悉了。

酷特云蓝，是一家服装企业，经过 10 多年的不断改革升级，做成了完全柔性生产、个性化定制的模式。

每天定制生产 4000 件服装，件件都不同。

用户可以根据自己的喜好，选择颜色、布料、扣子、衣领、口袋等。

如果没有生产线和供应链的支撑，一件定制的成本肯定很高。

当完全柔性化之后，成本也就降下来了。

## 6⁄ 社区团购的要点和缺点是什么？如何解决？

答：大家知道，社区团购就是"社区团购企业 + 团长 + 社区居民"模式。

企业提供产品、物流，以小区为单位招募团长，团长通过微信推广团购产品，社区居民在小程序上下单，足不出户就能以较低的价格买到高品质的生活用品 。

社区团购从 2018 年下半年于长沙发起，迅速覆盖了国内 19 个城市。

仅 2018 年进入社区团购的资本就超过 20 亿元，社区团购的融资有 27 起，其中约一半的融资规模达千万美元，全国已有四十多家发展情况平稳的团购平台，用户规模超过 100 万。十荟团、你我您、食享会、邻邻壹、考拉精选、松鼠拼拼等社区团购公司也都先后获得融资。

但是，从 2019 年开始，社区团购出现分化，从爆发期到唱衰期，似乎还不到一年时间。一些企业没有控制好扩张的速度和成本，陷入危机或转型谋求出路，比如松鼠拼拼、邻邻壹、小区乐。

模式看起来很简单，要做好并不容易。有两个主要的问题：

1. 供应链跟不上。

2. 团长不专业、流动性大。

**该如何解决呢？**

（1）供应链。直接用品牌商超现有的供应链资源，同时对接外部供应链，筛选适合做社区团购的产品，但要避开和超市本身的销售的冲突。

（2）提货点。直接将商超作为提货点，商超一般都在小区附近，带给居民方便的同时，也能为超市引流。

（3）团长。直接让门店员工做团长，指导他们建微信群、加好友，做用户运营，完成导购工作。

## ⑦ 现在比较好的推广渠道都有哪些？

答：大家都知道，现在传统媒体的推广效果越来越差，甚至有些已经完全失效了。另外，利用传统媒体进行推广的成本非常高，已经超出了中小微企业和个人创业者所能承受的范围。

所以在今天这个时代，要想做好营销推广，必须遵循社群营销的原则：用户找用户，口碑传口碑。

怎样找到我们的用户？不要试图通过广告，一定要通过你的用户。怎么样能够让用户帮你裂变出更多的用户呢？一定要通过口碑传播。

我们应该找到一些传播的节点，或者叫营销的节点，他们能够影响到一批人，这些人是我们的潜在客户。首先要分析我们的潜在客户是什么类型的人，为潜在的客户画像，弄清潜在客户都掌握在哪些人的手里。然后我们要做的，就是找到这些传播节点，和他们达成合作，通过他们把我们的产品信息和服务信息传送出去。

这些传播节点有哪些呢? 线上主要有: 社群的群主、抖音和快手的主播、网红主播、微博大 V 等。

线下主要有: 商协会的会长、秘书长, 老乡会、同学会、俱乐部的会长等。

当然不同的节点, 手里掌握的用户的类型是不一样的, 并不是盲目地去合作, 应该分析你的用户属性, 给用户画像, 找到和你的用户画像相匹配的节点, 然后和他们进行合作。

一方面, 你可以直接找到这些网红、大 V、群主和他们进行合作, 另一方面, 你可以找到他们聚集的地方, 比如 MCN 机构、网红学院等, 还有一些广告聚合平台, 比如说微博易、红点宝宝等。

**尊敬的袁老师您好, 我来自重庆奉节, 在微信销售脐橙 3 年了, 发展代理数量少而慢, 请问老师该如何解决这个问题?**

答: 要先思考别人为什么愿意做你的代理?

你能给他们什么? 你的优势是什么?

要先把内功练好, 应考虑三个层面:

(1) 品牌力。

(2) 产品力。

(3) 赚钱力。

品牌力: 你的品牌是不是一个正能量、高势能、有穿透力的品牌。

产品力: 你的产品是不是高频、刚需、市场大的产品。

赚钱力: 代理是否能通过这个项目赚到钱。

不一定三个层面都要很强, 但至少要有一个要素强。

三个要素是相辅相成的, 会互相促进。

内功练好后, 筛选出做得好的代理, 打造标杆, 树立榜样, 招募更多代理就容易了。

## 10.2　社群打造相关问题及解答

### *1* 社群到底是什么?

答:不同的认知层次,决定了你不同的行为模式,以及不同的结果。我们把对社群的认知分为三个层次。

第一层次:社群是营销通道,90%以上的人都是这么认为的,所以上来就问,如何做社群营销。处于这个层面人,会把社群当作单纯的利益共同体。

第二层次:社群是交流互动的阵地,核心是通过交互链接建立信任和情感。处于这个层面人,更看重社群的精神联合体的属性。

第三层次:社群是基础设施,是高速公路。每个企业就像一辆汽车,都可以在高速公路上行驶,快速顺利地到达目的地,修建高速公路的人收取过路费,各取所需。处于这个层次的人,更看重社群的利益共同体和精神联合体的双重属性。

### *2* 什么样的项目适合采用社群模式?

答:适合做社群的项目,需要具备社群基因。

社群的属性,就是互动和链接,信任和情感;如何做互动和链接,靠的是内容和活动。

所以,适合做社群的项目,需要有内容、有场景、易互动,这三个就是社群基因。

### *3* 到底什么样的人适合做社群?

答:根据我们的观察和总结,要想做好社群,有三个特质非常关键。

**灰度、利他、情商。**

灰度:意思就是包容、接纳,不追求完美,不苛求别人。以前在华为的时候，任总经常讲这个词，我最开始还不大理解，后来逐步理解了，尤其是在做社群的过程中，感受非常深刻。

利他：做任何决策、和任何人合作时，首先站在对方的角度考虑问题，首先要想到的是，对方为什么愿意和你合作？合作带给他的价值是什么？

很多人都在讲利他，但是说到容易、做到很难，利他是一个动作而不是一个口号。你是否利他，你的出发点是真正为他提供价值还是盯着他的口袋，对方是能感受到的。要把利他融入自己的动作，形成自己的习惯。

情商：简单地说，就是和人沟通交流时，能否让人有如沐春风之感。社群中千人千面，加上线上沟通居多，文字信息无法充分表达意思，很容易造成误解，经常看到有人在群里怼来怼去，其实就是沟通不畅所导致。要想做好社群，需要控制自己的情绪，理解和照顾别人的情绪。

◢ 我想做小区蔬菜配送，应该建什么样的社群，又如何建呢？

答：首先和大家统一一个认知。

做社群，最忌讳的是就事论事，我有什么产品，我就做什么社群。我是卖衣服的，就做服装社群，我是做家具的，就做家具社群。这是典型的产品思维，目的就是销售，纯粹把社群当作了卖货的渠道，脱离了社群的本质（建立信任和情感），这样是完全做不好社群的。

一定要清楚，社群的本质是通过互动和链接，建立信任和情感。

如何建立信任和情感呢？就是为别人提供价值。

所以，我们应该从这个角度来看社群。

做小区蔬菜配送，面对的是小区居民，你应该基于小区居民的需求建立社群。如果你了解他们，知道他们的痛点和需求，那么建立对应的社群，满足他们的需求，解决他们的痛点就可以了。

比如小区有很多大龄剩男剩女，那么你可以做红娘社群，通过提供红娘牵线服务，组织线下活动，获得大家的信任和情感。到那一步后，你再去做小区蔬菜配送，是不是会容易很多呢？

如果你悲催地发现，小区居民好像没有什么明确的需求，那么就做共享互助社群，比如小区的信息交流群、闲置互换群、租房信息群等。

总之，基于小区居民，为他们提供服务，建立信任和情感，然后顺便卖蔬菜。

想好了建什么社群，后面就简单了，至于怎么建，书中有介绍，社群打造四部曲，社群构建九剑，按照下面的路线图即可。

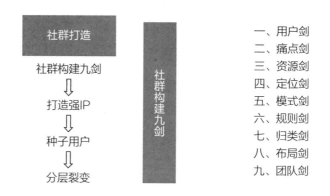

再补充一下，做社群，有一句话叫作：无心插柳。

任何目标都是在曲折中实现的，大家可以体会一下。

5　我是做防火卷帘门产品的，在全国各地都有客户，也可以做社群吗？

答：根据你的问题，其实可以看出来，你还是产品思维。

做社群需要进化为社群思维、用户思维。

你可以做社群，但是，不是基于防火卷帘门做社群，而是基于你要聚集的人群的需求和你的资源来做社群。

首先考虑清楚三个问题：

1）你要把哪些人聚到一起？

2）你把大家聚到一起做什么，为他们提供什么价值？

3）你准备做什么来为他们提供价值？

这就是我们社群构建九剑中提到的用户剑、痛点剑和资源剑。

基于这几个问题，明确你的社群的定位，就可以启动社群了。

如果你建社群的想法，就是为了多卖你的卷帘门，那就不要做社群了，这是产品思维。

如果是基于对他们需求和痛点的把握，为他们提供价值、解决问题，你的社群能做成，你的产品也能卖得很好，这就是社群思维，也必须这样做。

*6* 我是做 K12 教育的，主要负责高中线。想问下去哪里开拓高中家长的渠道，进行拉新呢？

答：在《社群新零售》这本书中讲到了社群打造四部曲，第一步是社群构建九剑，指的是构建社群前，要考虑清楚的九个要素，其中第一剑就是用户剑。

用户剑的意思是，首先要瞄准你的用户，熟悉他们，给他们画像，你针对的是高中学生的家长，那么你需要清楚，你要开拓的、符合你的产品定位的高中学生的家长，其生活习惯、上网习惯、聚集习惯、购物习惯、收入水平分别是什么样的，然后就可以找到他们了。

有两个办法：

（1）找到他们聚集的地方，比如高中家长微信群、qq 群，与高考相关的论坛、贴吧等。

（2）找到能批量聚集高中家长的节点，和他们合作。

拿我自己来举例，我是初中学生家长，前几个月学校发了一则通知，说是有名师做讲座，于是我就去了，并且花了 3000 多元买了一套光盘和几本小册子，名字叫《提分宝典》。

在《提分宝典》可以找到这些节点，包括学校、培训机构、老师等。

*7* 确定用户画像后怎样快速找到并锁定对应的人群？

答：主要是以下两个方面.

（1）找他们聚集的地方。

（2）找能够聚集他们的节点、关键人物。

当然前提是你对他们有了解，知道他们的行为习惯、上网习惯、消费习惯、购物路径等。如果你聚焦在某个行业，这是你的基本功。

比如用户画像是 30 ~ 40 岁的宝妈，她们关注的问题主要是孩子问题和美容瘦身问题，那么，她们会去什么地方或者找什么人来寻求解决方案呢？

亲子育儿网站和论坛，比如红孩子、北京妈妈、辣妈帮等；

相关主题的 qq 群、微信群；

行业大 V 的微博、微信公众号。

在上面所说的亲子论坛中，你是否可以直接对接版主？

在 qq 中搜索"亲子""美容""瘦身"等关键词，会有无数个 qq 群出现，一般 qq 号也是微信号，这样就可以找到具体的群主了。

8 明确了痛点剑后，该怎样界定是不是真正的用户痛点？

答：

（1）靠大数据。

先确定关键词，然后找到用户寻求问题答案的地方，比如百度知道、贴吧、微信、微博、豆瓣、天涯、专业网站等，输入关键词，或者"痛苦""难受""郁闷""悲催""我要"等词，整理结果，按照痛苦的覆盖面排序。同时在百度指数、微信指数等上面输入关键词，看需求图谱，进一步验证。

这是只理性手。

（2）靠用户验证。

获得一些种子用户后，通过沟通交流，获得用户的反馈，通过用户来验证，并不断调整。

这是只感性手。

两手都要抓，两手都要硬。

9 如何做收费群，怎样才能让别人心甘情愿地进入我们的社群？

答：先弄清楚你的社群的定位是什么、模式是什么，通过你的社群能解决群成员的什么痛点、能满足成员什么需求。

再评估下，你能提供的价值是多少。

基于价值，打造出具象的产品或服务，标定一个容易接受的价格，再做一个吸引人的成交主张（限时限量，零风险，超级赠品），获得种子用户并做好运营，然后选择适当的时机做分层裂变，通过口碑传播去影响更多人。

假如价值为 1 万元，那么收费 100 元，是不是会很容易？

如果还不容易，说明这个价值没有被用户认可，没有戳中他们的痛点。

那么就继续从用户需求以及社群提供的价值上考虑，价值越大，吸引力就越大，收费就越容易。

## 10／ 一个群内有多少人比较合适？是不是越多越好？

答：150～200 人是个比较合适的范围。

人数太少，群内氛围不好调动；人数太多，容易造成信息过载。

## 11／ 我建了个社群，就是为了更好地卖货，但是却发现群成员都很聪明，发红包时有人抢，发链接时没人理，根本卖不出去，这是怎么回事？该怎么办呢？

答：社群的核心价值，是通过互动和链接建立信任和情感。它是信任和情感的阵地，并非卖货的市场。

如果你把产品作为社群的入口，把卖货作为社群的目标，其实你根本不是在做社群，只是披着社群的外衣卖货而已。

结局只有一个：死群。

如果你把用户需求作为社群的入口，把满足用户需求作为社群的目标，在适当的时机把你的产品作为其中的一个解决方案融入，那么你的社群就做成了，你的产品也就能卖出去了。

忘掉你的产品，盯着你想要的人。

记住三句话：

基于用户而不是基于产品；

用户不是不需要买产品，而不是喜欢被推销；

用户不是不喜欢看广告，而是不信任你这个人。

基于此，调整你的社群运营方案，输出有价值的内容。

如果这样运营后，还是有只抢红包不说话的人，那么可以采取以下措施：

直接加抢红包不说话的人为好友。如果通过，再进行沟通，引导互动；

如果不通过，则直接踢出群。

另外，社群运营无论怎么做，总会有人不说话、不参与、不互动，不要让他影响你建群的初衷和情绪就可以了。

## 12 建群了，优惠政策出了，可还是社群裂变不理想，怎么办？

答：

（1）从对方的角度来考虑，别人为什么要帮你裂变？你的裂变机制是否有吸引力，让人有面子、有里子、有乐子？裂变流程是否简单清晰？裂变工具是否简单好用？

（2）裂变的前提是什么？

在社群打造四部曲中说得很清楚，裂变的前提是种子用户；先播种再收获，这是自然规律。

单纯靠裂变机制和利益诱惑，是很难裂变的，更难持续。

有能量有资源的种子用户是裂变的前提。

（3）如何吸引到种子用户？

前提是强 IP，包括品牌 IP、产品 IP 和个人 IP。

你的品牌力很强或者产品力很强，或者个人 IP 很强，都会有人被你吸引，成为种子用户。

所以，裂变的问题，可能并不是裂变本身的问题，而是要回头检查下，是否有强 IP 的大旗竖起来了，是否有种子用户，在两者具备的情况下，再看裂变机制、裂变流程、裂变工具是否需要优化。

找到原因，对症下药，问题就可迎刃而解。

## 13 如何做分层裂变？是否要让每位顾客都帮着做扩散？有的人可能会觉得不好意思拿提成。

答：

（1）找到愿意去帮你扩散的人，比如宝妈群体。不需要所有顾客都帮你做裂变，那也不现实；只要核心顾客帮你扩散即可，就是我们说的关键节点。

（2）善于通过数据筛选这些人，然后通过私聊、线下活动等方式招募这些人。

（3）如果大家对提成敏感，可以调整一下利益机制，不一定给提成，可以给产品、给优惠券、给代金券、给名誉等。

## 10.3 社群运营相关问题及解答

### ⅤＶ 怎样运营好自己的社群呢？

答：运营社群是脑力活 + 体力活。

（1）需要按照计划，有条不紊地落地执行，否则很容易陷入拍脑袋的境地。有时间就运营，没时间就不管；心情好就在群里互动，心情不好就置之不理。这样是做不好社群的。

（2）社群运营分为三个部分：内容运营、活动运营、用户运营。

（3）内容运营，就是通过发布文章、图片、分享、视频等，为群成员提供有价值的、对他们有用的、能解决他们问题的内容。

（4）活动运营，就是落地线上和线下活动，增进群成员的互动和链接。

特别是线下活动，必不可少。线上聊千言不如线下见一面，就是这个意思。

（5）用户运营，就是做好用户的数据沉淀和行为识别，找出关键少数。

20% 的活跃分子是重点运营的对象，是要争取的小伙伴和同盟军；

20% 的永远叫不醒的"僵尸"是可以置之不理的；

另外 60% 的人靠 20% 的活跃分子来影响和转化。

**如何做好数据沉淀和行为识别？**

这个要用到一些工具，比如小程序、积分工具等。

简单总结一下，按照模板，做好内容运营和活动运营计划，由专人负责内容的输出和活动的落地，持续运营，不断输出，同时把这件事变成大家的事，各尽所能，按劳分配。这就是做好社群运营的关键。

## 2 社群是否越活跃越好？

答：很多人在追求社群的活跃度，采用各种办法来提高活跃度，发红包、打卡、猜谜语、成语接龙、分享，忙得不亦乐乎，但是，真的有用吗？

（1）一个社群并非越活跃越好，而是该活跃时活跃，不该活跃时各自做好自己的事情。大部分人并不喜欢闹哄哄的菜市场。

（2）社群运营的关键不是活跃度，而是信任和情感，信任和情感来自于有价值的付出和内容，就是我们说的主料。

（3）没有主料，甚至没有辅料，只有调料，是无法支撑社群运营的。整天吃胡椒面既吃不好又吃不饱。

（4）盲目追求活跃度，其实是一种舍本逐末的行为，下再多表面功夫，也无法深入群成员的内心，往往是运营者自己对社群没有把握，甚至是内心恐惧的表现。

（5）在主料足够的情况下，提高活跃度是很简单的事情，增加一些调料就行了，比如猜谜、接龙、红包、打卡、拍卖等。

## 3 对于半死不活的群该怎么处理？如何激活死群？

答：90%以上的微信群都逐步沦为了广告群、僵尸群、死群。

对于这样的群，该怎么处理呢？

首先要看是什么类型的群。按照群的进化流程，可以把群分为流量群、用户群、粉丝群、运营团队群、股东群。

流量群一般是免费的，是用于转化的。其他群是付费的用户群，以及用户群的升级。

对于流量群，如何处理呢？

三个步骤：

放钩子，加新群，解散老群。

钩子是对群内的人有价值的东西，比如课程、电子书等，在老群内发布钩子，吸引感兴趣的人加入新群去领取钩子，然后3天后解散老群。

当然，说起来简单，其实每一步中都有一些操作细节和注意事项。做社群是很注重细节和实操的，很多人貌似自己什么大道理都懂，但为什么就是做不好社群呢？就是因为缺少了对细节的重视。

**放钩子的两个细节。**

（1）首先是在群内发布解散群信息并@所有人。

（2）然后私信每个人。

**加新群的两个细节。**

一般的操作，是在老群内发个新群的二维码，但是单单这样的操作足够吸引别人入群吗？完全不够。很多人早已屏蔽了老群，或根本不关注老群，为了取得更好的效果，必须首先让大家关注到此群，有两个细节：

（1）借力。私聊群内较为熟悉的几个人，请他们在群内替你发声。比如"领到群主的资料了，全是干货，非常感谢！"

（2）改群名，加上倒计时，随着时间改群名。比如"本群 3 天后解散""本群 2 天后解散""本群今天 22 点解散""倒计时 3 小时解散"，这种方式可以给人紧迫感，吸引更多人关注本群并进入新群。

对于其他用户群，通过社群运营三板斧，做好内容运营、活动运营和用户运营即可。

**现在基本上每个人都有自己的群，而且手上还有很多个群，怎样能吸引大家的注意力？**

我们设想一下，如果一个群里，每天早上 10 点钟，有人固定发 1 万元的红包，大家会不会很喜欢这个群？会不会把这个群置顶？

接下来，如果群主发的不是普通红包，而是包你说、包你唱这样的红包，大家会不会在抢红包之余，觉得很快乐很开心？

甚至挖掘出了"社群麦霸""社群好声音"。

再接下来，如果再定个规则，抢红包后，每次手气最佳的人要再发一个 999 元的红包，或者唱一首歌，大家会不会更嗨？

人都喜欢看热闹。

以上所说的 1 万元红包只是假设，核心是什么？

核心是对群成员有硬核价值的东西。

我们通过这个例子总结一下，**吸引社群成员注意力的三个要素为：**

（1）硬核价值，比如上面说的 1 万元红包。不是我们自己觉得有价值，而是群成员一致认可的高价值。

（2）好玩有趣，比如包你说、包你唱这样的红包形式。

把普通的发红包活动，变成一个好玩的、吸引人参与的游戏。

（3）参与感，比如手气最佳接龙或者脑筋急转弯、抽奖等小游戏，让大家都主动参与。

硬核价值是基础，好玩有趣是催化剂，参与感是爆炸燃料。

问题又来了，**如何提供硬核价值呢？**

**必须知道你的群成员是什么人，他们的需求和痛点是什么。**

**如何知道呢？**

通过互动、沟通、交流，持有同理心，了解大家的问题、需求、纠结、痛苦，才能对症下药。

当然，每个人的情况不同、所处的阶段不同、面临的问题不同、收入不同、认知层次不同，我们也不可能满足所有人的需求，只能抓大放小，抓住主要的问题和需求。

线上交流和线下活动是非常关键的互动动作。尤其是线下活动。

我们每周开展线下的"活桌行动"，做线上的每周一秀、每周一答，就是要和大家多接触多交流，充分互动和链接。

## 5 如何取得社群成员的信任？

答：信任来自于多次满意的互动。

具体来说，线上多发言，多解答别人的问题，多提供有价值的信息；线下多组织活动，或多参加别人的活动。

在每次接触中，都以利他的方式为他人提供价值。

## 6 是否允许群成员发广告？

答：可以发，但不能乱发，需要定好规则。

比如，在众生活中有个活动叫每周一秀。每周三晚上 8 点，有一位或者两位会员介绍自己的项目或产品，每人 30 分钟左右。运营团队会帮他们扩散和宣传，覆盖众生活的所有社群，相当于给大家一个展示自己、对接资源的广告位。

**7** 我手上目前十几个不同的群 （育儿群、老板群、行业群等），需要同时运营还是专注于一两个群？

答：回过头来问下自己，当初为什么建这些群？里面都是什么人？这些人是不是你的目标用户？你和这些人的链接情况如何？他们会不会信任你并有转化的可能性？

问清楚了，也就知道答案了。

总体上，可以分为引流群、会员群（收费群）。

引流群，建议做成快闪群，快进快出快解散。

会员群是我们需要持续重点运营的群。

**8** 我是做食补养生的，属于加盟店，一直想搞会员积分制，不知从何处入手，希望得到老师的指点！

答：会员的管理非常重要，只有通过会员管理和用户运营，才能建立企业的用户资产。

在社群运营中，有一项叫作用户运营，就是记录和沉淀用户数据，识别积极分子和"僵尸"用户，分层运营和管理。

会员管理系统其实有很多，可以在百度搜索一下。

对于你的加盟店，我们建议不仅要做会员管理，更要加上线上的销售，加上分销裂变机制，这样就可以打破线下门店的区域限制，做到面积有限，用户无限；产品有限，服务无限，从而提升你的销量。

可以用小程序。现在的小程序一般都带有商城功能和积分模块，你可以自己设定积分规则，设定分销机制，把会员管理和产品销售结合起来。

**9** 社群的内容分为三种类型，UGC，PGC，OGC，这三者如何运作？

答：内容分为 UGC、PGC、OGC。

我们先来看看，这三者都是什么？

UGC：用户生产内容；

PGC：专业生产内容；

OGC：职业生产内容。

拿亲子论坛举例：

妈妈们发的帖子，属于 UGC；

论坛邀请的育儿专家发的文章，属于 PGC；

论坛的工作人员发的文章，属于 OGC。

对于一个社群来说，先做 PGC，再发动大家提供 UGC，OGC 涉及较少。

社群运营前期，发起人要主动贡献内容，一来活跃社群氛围，二来为群成员贡献价值，三来奠定社群基调。

如果没有一个基调，群成员随便发挥，那这个群也就失去价值了。

**PGC 如何产生和输出？**

这对发起人是有一定要求的，要有一定的内容输出能力，当然不一定原创，要制订内容运营计划，持续、定期输出内容，而且要有价值。

但是，不管多权威的发起人，如果要持续地输出内容都是一件很有挑战的事情。而且，社群也不能搞一言堂。我们在《社群新零售》这本书中讲过社群状态进化图，社群的理想状态是：多中心多节点，自组织自运营。

也就是说，随着社群的发展，社群中会涌现出一些节点，他们在某方面有自己的特长，有感悟，有经验，愿意分享，这样就会有越来越多的 UGC 产生。

同时，为了鼓励大家产生更多的 UGC，可以制定一定的规则。

在众生活的会员群中，经常分享的成员，以及发布文章到众生活小程序的成员，都可以获得额外积分。

当然，大家可能并不在意这个积分，只是纯粹想分享，但至少表明了一个态度，让大家知道在我们的社群中，是鼓励大家畅所欲言的，鼓励价值传播，鼓励正能量。

所以，UGC 的产生需要：

（1）创造一个良好的分享的氛围。

（2）找出愿意分享能分享的关键少数，给予鼓励和奖励。

（3）设定一定的规则。

**10** 像芬香社交电商这种群，除了输出优惠券，让客户购物省钱、节约购物时间外，还适合输出什么资源呢？如何增加与客户的黏性？在什么时间节点收费？

答：芬香、淘小铺、京东内购这样的社交电商群，纯粹就是购物群，吸引的是经常购物、对价格也比较敏感的人。

这种群一般由机器人操作，每隔 20 分钟推出一个商品。

这种属于单纯的利益吸引，很难构建精神联合体。

这种群属于没有门槛的群，不符合我们的社群构建九剑，我们认为这种群，就不要费心去改变它的属性了。

可以做的是，基于兴趣建新群，做好运营，构建信任，然后把精心挑选的好产品在合适的时机纳入新群中。

基于精神联合体，加入利益共同体，才可持续发展。

# 附录一　社群成熟度模型

在《社群新零售》一书中，我们提出了一个概念叫"社群状态地图"。

人的一生会经历不同的阶段，从婴儿到少年，从青年到成年再到老年，如果在每个阶段都拍下照片的话，待到老年回顾时，把这些照片串联起来，会看到不同阶段自己的不同状态，或童真可爱，或年轻气盛，或成熟稳重，或老年睿智。社群也是如此，一个社群从创建开始到运营再到商业化，也要经历不同的阶段，每个阶段都有不同的状态，把这些状态联结到一起，就组成了社群状态地图。通过这个地图可以清晰地看出来，在社群发展的过程中，不同的阶段的快照是什么样子。

在社群的发展过程中，要经历四种状态。

**第一种状态是中心化。**

一个社群刚开始启动的时候，它的状态是中心化的，以创始人为中心，其他人都和他发生链接。他可能是个强 IP；起到核心的作用。

**第二种状态是团队化。**

一个人的力量毕竟是有限的，时间和精力也是有限的，当社群的人数裂变到一定规模之后，靠一个人肯定管不过来，必须进行团队化的运作，需要招募更多的人来组建运维团队，各自承担不同的职责，引导社群按照一定的规则来运作。

**第三种状态是强链接。**

社群成员根据运维团队制定的规则、设计的活动，开展各种沟通交流和互动活动，包括线上的分享，线下的活动，如聚会、爬山、旅游等，在多次互动交流中，社群成员之间会逐步建立起更深厚的信任和情感，大家彼此信任，互相链接，不再依赖创始人本身，这是强链接。

**第四种状态是多中心多节点。**

这也是社群的最理想状态。当大家彼此熟悉和信任后，社群中会出现更多的强 IP，即在某方面有特长的人，对这方面感兴趣的社群成员会自发地围绕在他的周围，形成一个个的子社群。

**中心化**：强核心，强IP

↓

**团队化**：职责明确，按照规则动作

↓

**强链接**：沟通互动，信任情感

↓

**多中心化**：多中心、多节点、自组织、自运营

那么，如何评估一个社群当前处于什么状态呢？通过哪些动作能促使一个社群快速地从低级状态进化为高级状态呢？

这就需要一套评估社群能力和改善社群质量的方法，我称之为**"社群成熟度模型"**，**它是对于企业在定义、实施、度量、控制和改善其社群进化的实践中各个发展阶段的描述。** 它的核心是把社群运营视为一个过程，并对社群的打造、运营、营销、商业化等进行过程监控和研究，以使其更加科学化、标准化，帮助企业实现商业目标。

在社群成熟度模型中，根据企业在社群认知、社群打造、社群运营、社群商业四个关键过程中的表现和数据，将社群的成熟度分为五个等级，以下是这五个等级的基本特征：

**1. 初始级**

懵懵懂懂做社群。工作无序，在社群运营过程中常放弃当初的计划。做事无章法，成效不稳定。社群是否能做好，主要依靠创始人的经验和能力，一旦他离去，社群将面目全非。

**2. 可重复级**

按照一定的方式做社群，对社群有一定的重视度，摸索出了做社群的一

定经验，建立了基本的社群运营规程，社群运营有章可循。做了人员分工，有基本的内容运营和活动运营，基于过去的实践经验，具有重复以前成功社群的环境和条件。

### 3. 已定义级

按照体系化流程做社群。根据社群高德地图，沿着社群打造、社群运营和社群商业的路径，一步步地推进社群进化。有社群运营计划，有SOP流程，整个过程实现了标准化、文档化，全部社群活动均可控制，对社群中的过程、岗位和职责均有一定的理解。

### 4. 已管理级

心中有数做社群。社群运营的效果是可度量的。已实现对社群运营过程的控制，可预测关键动作的结果和转化率，比如社群动销、线下活动、社群裂变等，如出现预测偏差，可以及时纠正。

### 5. 持续优化级

小步快跑、快速迭代做社群。可集中精力改进过程，根据社群成员的反馈和需求，采用新技术、新方法、新手段，不断优化社群运营的方式，不断增进社群成员的互动和链接，建立更多的信任和情感，从而打造更加坚固的精神联合体，不断提升社群质量。

社群成熟度诊断表包含了社群认知、社群打造、社群运营、社群商业四个关键过程中的表现和数据，根据这个表可以判断出一个社群当前的成熟度状态，发现社群方面存在的问题，并加以改进。

以下是一个简化版的社群成熟度诊断表，欢迎扫码填写，提交后，会有专人联系您，给出诊断结果，并探讨改进之道。

# 附录二　如何让直播社群新零售的分账结算更加便捷、智能

　　突如其来的新冠肺炎疫情推动了灵活就业如直播、社群、即配、新零售等业务的快速发展，促进了不少企业开始加大这方面的投入，搭建完善且适合自身特点的直播社群新零售体系势在必行。与此同时，如何更加便捷、合规地进行分账结算，也是需要引起重视的关键问题。

　　其实，从本质上来说，直播、社群、新零售不论是组合在一起还是拆开来看，都是灵活用工的典型场景。企业根据实际需求发布推广任务；个人不受限于工作时间及地点接受推广任务，与企业建立合作关系；企业根据推广结果与个人进行结算。在此过程中，个人属于灵活就业者，不需要与企业建立劳动合同或劳务合同关系，属于灵活用工模式。

　　自 2019 年年底以来，国家不断出台多项政策支持并鼓励灵活就业的发展，灵活用工既顺应市场需求，又能保就业、稳就业，迅速被推上了风口。在政策、市场、互联网的多重驱动下，灵活就业快速发展，所伴随的新需求也随之而来。

　　以直播社群新零售场景为例，我们发现了其存在的两个迫切新需求。

### 1. 基于自身分账机制的灵活结算需求

　　随着社群的壮大及分账机制的建立，及时准确地结算是最终商业闭环的重要节点。

　　一次性费用结算、按次结算、按量结算、按单结算……这样多场景高频率的结算需求，对于准确度和及时性的高要求远大于普通企业每月结算一次的场景。

### 2. 自由职业者的合规完税需求

　　"金税三期"的实施，打破了银行、税务等部门之间的信息壁垒；电商法

的实施，要求从事电子商务的个人都要合规纳税；即将实施的"金税四期"，将对个人的税收实现全网监督；大数据治税的方式让企业和个人的每一笔收入与支出都有据可查。通过直播社群新零售获取收入的灵活就业者同样需要合规完税，这是刚性需求。

这两个问题要如何解决？通过灵活用工智能服务平台的系列服务，完整实现企业的业务流、合同流、资金流、税票流"四流合一"，可以一站式解决灵活就业者的灵活结算及合规完税问题，"众生活"的合作伙伴——标普云，拥有成熟的行业解决方案。

### 标普云简介

深圳标普云科技有限公司由华为前副总裁、海外区域总裁杨蜀创办，秉承着"让灵活用工更智能、更普惠"的使命，作为灵活用工的智能服务平台，深耕灵活用工市场多年。标普云已与饿了么、每日优鲜、喜马拉雅、富士康、世联行、Q房网等多家行业头部企业建立业务合作关系，通过云计算 SaaS 服务、区块链发票、大数据风控、电子合同等核心技术，帮助企业合规经营、降本增效、健康发展。

未来，

每一家企业都有灵活用工需求，

每一家互联网平台都是灵活就业平台。

欢迎大家添加下方二维码联系我们，

让我们一同将直播社群新零售合规健康地做强做大！

# 附录三　金句集锦

1. 不要去学习碎片化的知识，要用碎片化的时间去学习系统化的知识。

2. 体系化、流程化、专业化是做好社群的保证。

3. 一个体系包括四个层次：第一层是底层逻辑＋方法论，第二层是流程＋路径，第三层是方法＋技巧，第四层是工具＋模板。

4. 要尽可能去构建自己的体系，哪怕是一个特别小的细分领域，哪怕是一个相对比较小的比较简陋的体系，只要能形成闭环，就会有力量。

5. 用户的迁移将对商业形态和商业格局产生深远的影响。

6. 商业竞争的核心正在快速从产品转向人，用户竞争的核心正在快速从数量转向质量。

7. 用户关系才是王道。

8. 凡是不能直接触达用户的企业，都会很惨。凡是能直接触达用户、注重用户运营的，抵抗风险的能力都很强，甚至能够逆势增长。

9. 在移动互联网时代，企业必须从功能商业进化为精神商业，必须从产品为王进化为以人为本，必须从经营产品进化为经营用户。

10. 如果不是基于用户，那所有的方案都是错误的。如果不能满足用户需求，那所有的模式都是无效的。

11. 传统商业模式的核心是产品，社群商业模式的核心是社群，是用户。

12. 传统商业模式是一维的，只有产品，社群商业模式是三维的，除了产品，还有社群，还有平台。相当于在 1 后面加了多个 0，商业价值得到了无限放大。

13. 社群商业模式就是三段论、六个字：产品、社群、平台。以产品为入口，以社群为基地，以用户需求为驱动，通过跨界融合满足用户多元化需求，实现平台化发展。

14. 社群新零售，就是基于社群关系，以用户为中心，以用户需求为驱动，通过供应链重构和线上线下融合，实现按需定制的新型零售模式。

15. 社群新零售有三个层次：产品销售、社群运营和平台化运作，通过产品销售打造利益共同体，通过社群运营打造精神联合体，通过平台化运作打造事业共同体和命运共同体。

16. 社群就是一群人、一条心共同做一件事。

17. 社群是一群人组成的精神联合体和利益共同体。

18. 离开人，一切都是零，而社群就是人的载体。

19. 社群必将是所有企业的标配，不做社群的企业都是在裸奔。

20. 直播很火，但如果不能和社群深度链接，必将成为无源之水。社群很牛，但如果不能通过新零售转化变现，必将无法持续！三驾马车，无缝衔接，才是王道。

21. 企业必须采用的正确方法是：通过直播引流，通过社群沉淀，通过新零售转化变现，这就是"直播社群新零售"，是后疫情时代企业突围的最佳实践。

22. 这个时代你的产品可以被模仿，你的店铺和广告可以被模仿，唯有你和用户的关系别人模仿不了。

23. 在社群新零售体系中流淌着两条河，一条河是产品河，里面流动的是产品，流向是从 S 端流到 B 端节点再流到 C 端用户，它的核心是赋能。另一条河是需求河，里面流动的是用户需求，流向是从 C 端用户到 B 端节点再到 S 端，它的核心是反向定制。需求河是产品河的上游。

24. 社群新零售有两个核心，第一是扭转了供求关系，第二是改变了运营逻辑。

25. 在社群新零售模式中，从以产品为中心升维到以用户为中心，从产品是唯一升维到产品是第一。

26. 社群新零售不是简单的社交电商的升级，它是一个新物种，是一个高维的模式，和电商、社交电商、社交零售有着本质的区别。

27. 社交零售关注的重点是产品销售，打造的是利益共同体，容易陷入割韭菜的境地。社群新零售关注的重点是用户，打造的是利益共同体、精神联合体和事业共同体，具备可持续发展的基因。

28. 社交零售是低维的社群新零售，社群新零售是高维的社交零售。

29. 直播社群新零售落地流程：打造产品、设定模式、社群运营、平台化运作。

30. 直播社群新零售打造三个超级：超级产品、超级模式、超级流量。

31. 用户的需求和痛点是发动机，是产品打造的基础和源泉。

32. 从以自己为中心，变为以用户为中心，才能做出真正的符合需求的好产品。

33. 你所认为的营销问题，80%以上并不真的是营销问题，而是产品的问题。

34. 企业存在的唯一价值是解决社会的问题，产品存在的唯一价值是满足用户的需求。

35. 产品是我们上阵杀敌的武器，必须足够尖锐和锋利。钝刀子割肉，肉难受，刀子也难受。

36. 超级产品的两个基因：爆品基因，社群基因；打造超级产品的两个步骤：找核心，定爆点。

37. 爆品基因五个要素：高频、痛点、刚需、市场大、竞争小。

38. 社群基因三个要素：有内容、有场景、易互动。

39. 通过社群实现高频互动是最有效的提频方式。

40. 一个好名字抵得上千军万马，好名字的标准是有用、"有毒"。有用就是可以自解释，"有毒"就是可以自传播。

41. 想做爆品要先有爆点，无爆点不营销。

42. 爆点就是你的王牌卖点，就是打开用户心门的钥匙。

43. 超级模式包括商业模式、营销模式、分钱机制。

44. 商业模式总结起来其实就是一句话：在什么场景把什么产品卖给什么人。

45. 商业模式的升维有两种方式，第一种叫作社群升维，第二种叫作场景升维。

46. 配上社群这把冲锋枪，把你的项目从产品项目升维为社群项目。配上场景这把冲锋枪，找到核心场景中的核心需求并提供解决方案。

47. 不分什么线上和线下，只有场景。找到场景，霸占场景；没有场景，创造场景。

48. 社群营销的原则：用户找用户，口碑传口碑。

49. 没有什么实体和网络，只要手里拥有我们想要的用户的这些人，都是我们要的 B 端节点。

50. 凡是不能为 B 端赋能的新零售平台必然无法持续。

51. 在传统的营销模式中，成交是最难的环节，在社群营销中，成交是最容易的环节。

52. 制定分钱机制时，安全、稳定、可持续是最重要的考虑因素。一定是以产品销售为主，而不是靠拉人头赚钱。

53. 私域流量实际上已经超出了流量的范畴，它不只是流量，不只是一个个冷冰冰的电话号码和微信号，它的背后是一个个有血有肉的人、信任你的人。

54. 做私域流量的核心不是让用户进入你的微信群，而是让你的产品和人品进入用户的心智。

55. 公域和私域并行，公域引流，私域变现；公域靠抢，私域靠养。

56. 不要用养的办法做公域，更不要用抢的办法做私域。

57. 从种子用户成长起来的节点是最好的 B 端节点。

58. 引流是为了沉淀和转化，没有沉淀的引流是无效的。

59. 直播如果和社群失联，则没有价值；直播如果和新零售不能无缝衔接，则没有意义。

60. 玩转直播的正确流程：确定主播人选、选择直播工具、制订直播计划、启动直播、播后管理。

61. 直播不是你的救命稻草，私域流量才是。

62. 私域流量是你的护城河、发动机和保护伞。

63. 每个人都有很多微信群，但每个人都缺一个高质量的微信群。

64. 如果把社群构建比喻为生孩子，那么社群运营群相当于养孩子。社群最大的问题就是随便生、胡乱养。

65. 开车需要高德地图，做社群需要社群高德地图。

66. 社群高德地图分为三个阶段：社群打造、社群运营和社群商业。

67. 社群打造是从 0 到 1，相当于生孩子，社群运营是从 1 到 10，相当于养孩子，社群商业是从 10 到无穷大，相当于孩子进入自由无限的发展空间。

68. 社群打造分为四个步骤，称为社群打造四部曲：社群构建九剑、打造强 IP、种子用户、分层裂变。

69. 社群运营分为三个板块，称为社群运营三板斧：内容运营、活动运营、用户运营。

70. 社群打造的作用是从粗制滥造变为优生优育，社群运营的作用是从用户失联变为用户直联。

71. 生孩子要懂得优生优育，做社群要懂得社群构建九剑。

72. 大家都觉得收费群更有价值，但大部分人都在做免费群。

73. 社群价值观是最好的社群规则。

74. 如果你把产品作为社群的入口，把卖货作为社群的目标，那么其实你根本不是在做社群，只是披着社群的外衣卖货而已。结局只有一个：死群。

75. 打造强 IP 的三个要素：标签为王，内容为后，势能为将。

76. 打造强 IP 的四个步骤：找定位，贴标签，放内容，借势能。

77. 裂变机制的设置需要满足三个条件：有面子、有里子、有乐子。

78. 通过社群构建和用户之间的关系，从用户失联到用户直联，从用户链接到用户焊接。

79. 用户不是不需要买产品，而是不喜欢被推销；用户不是不喜欢看广告，而是不信任你这个人。

80. 社群运营的原则总结起来是三点：利他、价值、参与感。

81. 无论是社群构建还是社群运营，都是一个动态迭代的过程，小步快跑、快速迭代，在奔跑中调整姿势。

82. 社群运营的内容分为主料、辅料和调料。没有主料，甚至没有辅料，只有调料，是无法做好社群运营的。整天吃胡椒粉，既吃不饱又吃不好。

83. 社群运营的核心是价值，而不是活跃度。

84. 做社群并不是越活跃越好，核心在于给到用户足够的价值，原则就是如果主料足够有价值，根本不用担心活跃度的问题。想增加活跃度的时候，在里面加点调料就行了。

85. 社群活动是建立信任的最有效手段，是社群的命脉。

86. 每个社群都必须打造自己的品牌活动，每个品牌活动都必须有自己的特色。

87. 社群活动运营"四个一"：每日一秀，每周一学，每月一玩，每年一会。

88. 活动不拍照，等于瞎胡闹；活动不喝酒，啥都不会有。

89. 平台化运作的原则就是：搭平台、建规则，大家一起来"唱戏"。

90. 平台化运作使用的四种方法：众智选产品，众筹做项目，众创做内容，众包做社群，称为"四众大法"。

# 欢迎一起众生活

感谢你的支持，欢迎加入"众生活"社群。

2016 年，我们在《社群众筹》这本书中提出了一个概念叫"众生活"，是这样描述的：

基于社群资源，用众筹众包众创的模式，落地一个个优质项目，涵盖吃喝玩乐衣食住行，按需定制，按劳分配，各尽所能，按劳分配，人人受益，大家都过着自己可以把控的品质生活。不管到任何一个城市，都有我们自己的据点，都有一群志同道合的同路人，都有身心归属的家园。

这种生活方式就叫"众生活"。

2019 年，我们启动了一个社群，就叫"众生活"，定位是实体企业的社群赋能平台，专注于企业社群化转型和加速，通过社群为实体企业和项目赋能，包括餐饮、快消、大健康、美容、教育、农业等行业，用社群新零售模式，打造社群爆品项目，提高大家的生活品质，最终实现"**链接一万人，落地一万个项目、影响一亿人的生活**"的目标。

"众生活"中已经聚集了越来越多的志同道合的成员，服务了一批优秀的企业，落地了一批优质的有社群基因的项目，如华联集团、晨光生物、浙系影业、《销售与市场》杂志社、森工健维、空中美容院、王的衣架、大兵哥、修正制药、妈妈丽雅、大荔哺育、申柯育儿等，通过"众智选产品、众筹做项目、众包做社群、众创做内容"的四众模式推动着项目的发展，活桌行动、每周一秀、每周一换、直播社群新零售实战营、操盘手实战营等各种社群活动都在有条不紊地进行中。

如果你有自己的企业或项目，希望通过社群赋能，促进自己的企业快速突围；或者你希望把社群作为自己的事业或职业发展方向；或者你想结识更多的优质人脉，打造自己的个人 IP，欢迎链接，我们一起众生活。

欢迎各位书友扫描下方二维码添加好友，备注"书友"，我们会邀请您进共读群，交流链接，一起落地社群新零售。

欢迎关注众生活三位合伙人的视频号（从左到右依次为：创始人袁海涛，项目合伙人王维，运营合伙人思羽），获取更多干货。链接一万人，一起众生活！